Kerri Sackville ist eine australische Autorin und Kolumnistin. Sie lebt mit ihren Kindern und einer Katze in den Eastern Suburbs von Sydney, bestellt gerne Essen nach Hause und liebt lange Nickerchen auf der Couch – und: Sie genießt Unordnung. Auf Twitter und Instagram ist sie unter @KerriSackville zu finden und bei Facebook unter Facebook.com/ Kerri.Sackville.

KERRI SACKVILLE

Niemanden interessiert, ob du dein Bett gemacht hast

Ultimative Haushaltstipps für Bequeme

Übersetzt von Barbara Imgrund

Rowohlt Taschenbuch Verlag

Die englischsprachige Originalausgabe erschien 2022 unter
dem Titel «The Life-changing Magic of a Little Bit of Mess» beim
Verlag HarperCollins Publishers Australia Pty Limited, Sydney.
Diese deutsche Ausgabe wurde in Absprache mit HarperCollins
Publishers Australia Pty Limited veröffentlicht.

Deutsche Erstausgabe
Veröffentlicht im Rowohlt Taschenbuch Verlag,
Hamburg, März 2023
Copyright der deutschen Erstausgabe © 2023 by Rowohlt
Verlag GmbH, Hamburg.
«The Life-changing Magic of a Little Bit of Mess»
Copyright © 2022 by Kerri Sackville
Redaktion Ulrike Gallwitz
Covergestaltung zero-media.net, München
Coverabbildung FinePic®, München
Satz aus der Abril Text
bei CPI books GmbH, Leck
Druck und Bindung GGP Media GmbH, Pößneck
ISBN 978-3-499-01182-5

INHALT

*Für Kylie, einen Menschen, der tapfer und
unerschrocken mit Ordnung zu leben weiß*

ENTSCHULDIGUNG DES VERLAGS

Liebe Leserin, lieber Leser,
viele von Ihnen werden unsere Ankündigung einer inspirierenden Neuerscheinung zum Thema Haushalt gesehen haben. Sie wurde Ende letzten Jahres in unserem Newsletter als die «neue Hausbibel von einer der inspirierendsten Frauen des Landes» beworben.

Deshalb stellen Sie nun vielleicht ebenso überrascht wie verwirrt fest, dass wir besagtes Buch unter dem Titel *Niemanden interessiert, ob du dein Bett gemacht hast* herausgebracht haben und es nicht etwa *Wie Sie Ihr Zuhause allein mit Wasser und positivem Denken entkeimen* oder *Werfen Sie alles weg und werden Sie ein neuer Mensch* oder *Heilen Sie Ihren Schmerz mit Hausarbeit* genannt haben.

Zur Erklärung: Das Buch, das Sie in Händen halten, ist das Ergebnis eines winzigen Fehlers vonseiten einer unserer jungen Lektorinnen, deren Namen wir wegen eines anhängigen Rechtsstreits nicht nennen dürfen. Vor über einem Jahr hat sich dieser Verlag in das Werk einer Social-Media-Influencerin verliebt, die in Sachen Haushaltsmanagement ziemlich prominent ist. Diese Influencerin – die ihre sieben Kinder zu Hause unterrichtet und gleichzeitig ihre millionenschwere Kohlsaft-Firma betreibt – wurde über Nacht berühmt, weil Fotos von ihrem umwerfenden reinweißen Haus und ihrer atemberaubenden gläsernen Speisekammer viral gingen.

Mit über zwei Millionen Instagram-Followern ist diese Influencerin eine der führenden Stimmen in der Kunst der Haushaltsführung im Land. Wir hier im Verlag wollten ihr unbedingt einen Buchvertrag anbieten, damit sie ihre Message, dass Vollkommenheit kein Hexenwerk ist, einem Publikum nahebringen kann, das nichts lieber täte, als ein perfektes Leben in einem makellosen Zuhause zu führen.

Leider hat diese Influencerin einen Namen, der dem Namen einer anderen Medienpersönlichkeit sehr ähnlich ist: Kerri Sackville, einer Lifestyle-Autorin mit viel weniger Followern. Infolge einer äußerst bedauerlichen Verwechslung ist die erwähnte junge Lektorin unseres Hauses, die damit betraut war, den Kontakt zu der berühmten Influencerin herzustellen, stattdessen an Kerri Sackville herangetreten. (Wir sind von Rechts wegen zu der Anmerkung verpflichtet, dass die Lektorin zu diesem Zeitpunkt todmüde war, nachdem sie die ganze Nacht lang ihre Speisekammer aufgeräumt hatte.) Als wir den Fehler der jungen Lektorin feststellten, hatte Frau Sackville den Vertrag bereits unterzeichnet.

Kerri Sackville ist zwar eine durchaus fähige Autorin, doch nicht das, was man «inspirierend» nennen würde, schon gar nicht im Bereich des Haushaltsmanagements. Es ist hinreichend dokumentiert, dass Kerri Sackville ihren eigenen Backofen bei ihrem ersten und auch einzigen Reinigungsversuch zerstört und ein Fernsehinterview aus ihrem Schlafzimmer heraus gegeben hat, während im Hintergrund ihre BHs durch die offene Schranktür zu sehen waren. Ganz zu schweigen davon, dass sie einmal eine handfeste Rüsselkäferplage in ihrer Küche hatte. Unser Verlag nimmt Autorinnen und Autoren unter Vertrag, die alle möglichen Lebensentscheidungen treffen, aber niemand hält es wohl für erstrebenswert, Rüsselkäfer im Haus zu haben.

Allerdings war der Vertrag bereits unterschrieben, wir sind also von Gesetzes wegen zur Veröffentlichung verpflichtet, und daher kommt hier Kerris Buch. Die junge Lektorin hat inzwischen den Verlag verlassen und verkauft ihre eigene Kollektion personalisierter Weckgläser. Was die inspirierende Influencerin mit dem weißen Haus und der gläsernen Speisekammer betrifft ... nun, sie hat nach einem Plagiatsskandal, in dem es um Hashtags und Schrankpapier ging, ihren Instagramkanal stillgelegt. Daher ist wahrscheinlich alles gut so, wie es ist.

ANMERKUNG DER AUTORIN

Ich war überrascht und erfreut, als ein Verlag mich bat, ein inspirierendes Buch über Haushaltsführung zu schreiben. Um ehrlich zu sein, hatte ich mich bis dahin selbst nicht wirklich für eine inspirierende Autorin gehalten, bis die Lektorin an mich herantrat. Genauer gesagt hatte ich mich nicht einmal für eine inspirierende Person gehalten. Ich habe niemandem eine Niere gespendet oder einbeinig den Everest bestiegen und auch kein Kind vor einem heranrasenden Zug gerettet. (Ich habe tatsächlich einmal ein Baby aufgefangen, das aus seinem Kinderwagen fiel, aber das war mein eigener Sohn, und er ist überhaupt erst herausgefallen, weil ich vergessen hatte, ihn festzuschnallen. Daher bin ich mir ziemlich sicher, dass das nicht als Heldentat zählt.)

Und natürlich habe ich mich bisher nicht als inspirierende Expertin an der häuslichen Front betrachtet. Meine Haltung zur Hausarbeit kann freundlichstenfalls als «entspannt» bezeichnet werden, auch wenn meine Familie es ein wenig anders ausdrückt. Ich habe eine hohe Toleranzschwelle gegenüber Unordnung, ich halte häufig und gern Mittagsschlaf, und ich hatte – um endgültig die Hosen herunterzulassen – auch schon Rüsselkäfer in der Küche.

Doch die Schande der einen ist die Inspiration der anderen. Die visionäre Lektorin meines Verlags, eine reizende junge Frau namens ███████████████████, sah etwas in mir, das nicht einmal ich in mir sah. In ihrer ersten E-Mail an mich schrieb sie: «Ich bewundere es, wie Sie Ihren Beruf und die Erfordernisse einer großen Familie unter einen Hut bringen und daneben auch noch einen aufstrebenden Instagramkanal bespielen.»

Anfangs war ich verwirrt – meine Familie ist ja gar nicht so groß – und fragte mich, ob sie mich vielleicht mit jemandem verwechselte. Doch dann sah ich mir meine gesamte Instagram-Timeline an und begann mich mit ██████████████████s Augen zu sehen. Die Fotos zeigen unter anderem

- mich, wie ich wie in Trance vor meinem soeben explodierten Backofen stehe;
- mich, wie ich in meiner verwahrlosten Küche für ein Selfie posiere;
- mich, wie ich traurig auf eine zerbrochene Flasche Wein starre;
- mich, wie ich per Zoom ein Live-Interview für das Fernsehen gebe, während hinter mir die

offene Schranktür den Blick auf meine gesamte BH-Kollektion freigibt;

- mich, wie ich leicht sabbernd am helllichten Tag auf der Couch liege und schlafe;
- meine Katze in einem Waschbecken (in diesem Zusammenhang nicht relevant, aber trotzdem hinreißend und ein Bild für die Götter).

Unabhängig voneinander betrachtet, sind das nur ein paar nette Schnappschüsse. In der Zusammenschau, ging mir auf, bilden sie ein geschlossenes, subversives Narrativ. Meine Instagram-Fotos erzählen die ebenso hintergründige wie furiose Geschichte heiterer Unvollkommenheit. Sie spiegeln eine Philosophie einer Mittelmäßigkeit wider, die durchaus erreichbar ist. Sie feiern die Fehlbarkeit, die Unordnung und das Unvollkommene.

Ich bin mir sicher, dass es das ist, was ▮▮▮▮▮▮ ▮▮▮▮▮ vom Verlag so angesprochen hat. Das ist es, was sie dazu gebracht hat, mir einen Buchvertrag anzubieten, und was zu dem Text führte, den du jetzt in Händen hältst. (Zumindest glaube ich, dass es ▮▮▮▮▮ ▮▮▮▮▮ angesprochen hat. Ich konnte es mir nicht mehr von ihr bestätigen lassen, da sie aus dem Verlag ausgeschieden ist, kurz nachdem ich unterschrieben hatte; sie ist auch nicht mehr unter ihrer Nummer erreichbar, ich habe nie wieder von ihr gehört.)

So oder so, ich fühle mich geehrt, dass man mir diese

Plattform bietet, um andere Menschen zu inspirieren und zu unterstützen. Ich heiße dich in meiner Welt der häuslichen Unzulänglichkeiten willkommen. Ich heiße dich in meiner Welt des «Nah dran», «Gut genug» und «Okay» willkommen. Ich heiße dich in meiner Welt des «Was du heute kannst besorgen, das verschiebe gern auf morgen» willkommen.

Ich heiße dich in meiner Welt willkommen, in der es wirklich niemanden interessiert, ob du dein Bett gemacht hast.

Teil eins
Die Freude am Chaos

EINFÜHRUNG
Ich putze, also bin ich?

Der Wendepunkt

Ich war zehn Jahre alt und besuchte meine Freundin Leah zu Hause. Ich war schon oft zum Spielen bei ihr gewesen, aber dies sollte meine erste Übernachtung bei ihr werden, und ich war ein bisschen aufgeregt.

Bei Leah zu Hause, stellte ich fest, war es unheimlich sauber. Viel sauberer als bei mir daheim. Bei mir war es sauber und aufgeräumt ... genug, mit Betonung auf «genug». Meine Eltern arbeiteten beide in Vollzeit, und unser Haus war etwas chaotisch und gemütlich, und ich mochte es sehr so. Ich konnte morgens ein Spielzeug im Wohnzimmer liegen lassen, und es war am Nachmittag immer noch dort, wenn ich von der Schule heimkam.

Das kam bei Leah nicht vor. Ihr Wohnzimmer war sozusagen unbefleckt. Das ganze zweistöckige Haus war makellos und deshalb ziemlich einschüchternd. Ihre Mutter, Barbara Buckman, war Hausfrau und fuhrwerkte fortwährend im Hintergrund herum. Sie trug Körbe voller Wäsche durch die Gegend, wischte über bereits hochglanzpolierte Oberflächen und schüttelte immerfort Kissen auf. Ich passte höllisch auf, um meinen Saft nicht auf ihrem weißen Resopaltisch zu verschütten, obwohl ich mir die Mühe hätte sparen können, denn Barbara räumte mein Glas zügig ab, noch bevor ich es ganz ausgetrunken hatte.

Als ich dort aufs Klo ging, sah ich, dass die Handtücher in perfekte, fluffige Quadrate gefaltet waren. Krass, dachte ich, Leute legen ihre Handtücher zusammen? Die Handtücher in unserem Badezimmer wurden achtlos über die Handtuchhalter gehängt. Manchmal warfen meine Schwester und ich sie sogar auf den Boden!

«Möchtest du ein Glas Milch?», fragte Leah, als wir in unsere Pyjamas schlüpften. In ihrem Doppelbett waren Laken und Decken wie im Krankenhaus festgezurrt und unter der Matratze eingeschlagen. Mein Bett daheim hatte eine Zudecke, die jeden Morgen einfach zur Seite geworfen wurde.

«Gern», antwortete ich.

Wir gingen nach unten, und als ich die Küche betrat, war ich überrascht von dem Anblick, der sich mir bot. Der Küchentisch war gedeckt wie für eine Abendgesellschaft, obwohl die gesamte Buckmanfamilie schon vor zwei Stunden zu Abend gegessen hatte.

«Erwarten deine Eltern noch Gäste?», fragte ich

Leah, während ich bewundernd auf die Tafel mit dem erlesenen Geschirr, dem silbernen Besteck und dem Porzellankrug, den Servicetassen und Leinenservietten sah.

Leah sah mich aus zusammengekniffenen Augen an. «Das ist fürs Frühstück.»

«Ihr frühstückt abends?»

Leah bedachte mich mit einem mitleidigen Blick. Ich war ohne Frage nicht gerade die hellste Kerze auf der Torte. «Nein», sagte sie überdeutlich, als spräche sie mit einem Kleinkind. «Das ist fürs Frühstück morgen früh.»

«Aber warum steht es jetzt schon da?»

Die arme Leah bereute es wahrscheinlich schon, mich zum Übernachten eingeladen zu haben. «Mum deckt den Tisch jeden Abend, wenn wir mit dem Abendbrot fertig sind. Macht deine Mum das nicht?»

Ich war verblüfft. «Äh, sicher», antwortete ich. «Doch. Natürlich.» Meine Mum deckte den Frühstückstisch nicht schon am Vorabend. Meine Mum deckte den Frühstückstisch überhaupt nicht.

Wenn ich in die Küche kam, um zu frühstücken, wünschte Mum mir guten Morgen und wies auf die Speisekammer. Ich holte mir dann die Cornflakes, eine Müslischale und einen Löffel, gab Cornflakes in die Schale und goss Milch aus dem Kühlschrank darüber. Dann ging ich mit meiner Schale zur Couch im Wohnzimmer, wo meine Schwester schon ihre Reispops vor dem Fernseher aß. Das war das Frühstück in unserem ausreichend sauberen Haushalt. Ein Porzellankrug war nicht im Spiel.

In dieser Nacht lag ich neben Leah im Bett und dachte über ihre Frühstückstafel nach. Es war wirklich eine Offenbarung. Mrs. Buckman hatte mir eine Art gezeigt, den Haushalt zu führen, von der ich nicht einmal gewusst hatte, dass sie existierte. Leah zufolge stammte ihre Mutter vom russischen Hochadel ab, und das ergab absolut Sinn. Offensichtlich hatte Mrs. Buckman die Vorzüge ihres aristokratischen Erbes auf die Art ihrer Haushaltsführung übertragen.

Da wusste ich, dass ich an einem Wendepunkt in meinem Leben stand. Ich war daran gewöhnt, dass es zu Hause aufgeräumt und sauber war, doch Mrs. Buckman hob die Hausarbeit auf ein neues Niveau. Für sie war Saubermachen keine lästige Pflicht, sondern eine Berufung. Mrs. Buckman brachte mir bei, dass man (oder eher frau) sehr stolz darauf sein konnte, die Haushaltsführung zur Kunstform zu erheben. Ich konnte wie meine Mutter werden und lediglich genügend tun, oder ich konnte wie Mrs. Buckman werden und alles perfekt tun. Wenn ich groß wurde, konnte auch ich Handtücher in fluffige Quadrate falten, den Tisch schon abends fürs Frühstück decken und meine Laken straffziehen wie in der Klinik.

Nö, dachte ich beim Einschlafen, das ist nichts für mich.

All das sah nach viel zu viel Aufwand für viel zu wenig Belohnung aus. In diesem Augenblick, in Leah Buckmans Gästebett, wählte ich das Chaos.

Anmerkung des Lektorats: Unserem Faktenchecker zufolge wurde Barbara Buckman in Bulgarien geboren, nicht in Russland. Ihr Vater war Schuhmacher und ihre Mutter Hausangestellte. Vielleicht hat sie das Bettenmachen im Krankenhausstil von ihr gelernt.

Die Barbaras

Ich wuchs in den 1970er- und 1980er-Jahren auf. Damals gab es noch keine Social-Media-Influencer im Bereich Hausarbeit. Es gab überhaupt keine Social-Media-Influencer, in keinem Bereich, weil es keine Social Media gab. Es gab sehr wohl leidenschaftliche Hausfrauen, doch ihnen war es grausamerweise verwehrt, ihre #homeInspo-Ideen mit der ganzen Welt zu teilen.

Stell dir den Frust vor, den diese armen Frauen geschoben haben müssen! Wenn sie ihren Kleiderschrank nach Farben sortierten, neue Bettwäsche kauften oder all ihre Gewürze in aufeinander abgestimmte Gefäße umfüllten, war da keine Plattform, auf der sie mit diesen Höchstleistungen vor anderen Leuten angeben konnten. Sie konnten Gäste einladen, damit sie ihren Kleiderschrank bestaunten, was jedoch eine schleppende und ineffektive Vorgehensweise war, wenn man die Massen erreichen wollte. Sie hätten mit ihren Analogkameras künstlerisch wertvolle Fotos von ihren Gewürzgläsern machen können, um sie in einem Labor entwickeln zu lassen und dafür auch noch bezahlen zu müssen; dann hätten sie die Bilder in ein Gewürzglasalbum geklebt und das Album auf Partys ihren Freunden gezeigt, aber das wäre unsäglich schräg rübergekommen. Natürlich gab es auch keine Foren, in denen sie kunstvoll gefilterte Fotos oder inspirierende Hashtags wie #homesweethome oder #putzmotivation oder #minimalismus posten konnten.

Außerdem waren Hashtags noch gar nicht erfunden.

Wenn Barbara Buckman eine junge Mutter in unserem Internetzeitalter gewesen wäre, dann hätten die Chancen gut gestanden, dass ihre wegweisende Frühstückstischdeckpraxis viral gegangen wäre. Barbara hätte heute ihren eigenen Instagramkanal und einen Blog, der zum Beispiel *Barbaras Welt* oder *Babsi, die Ordnungsexpertin* oder *So putzt Barbara* heißen würde. Sie würde einen wöchentlichen Newsletter schreiben mit Ratschlägen, welches die besten Buttermesser sind, welche Toaster man kaufen soll und wie man Biomarmelade einkocht. Sie würde Tutorials über all die verschiedenen Arten, den Frühstückstisch zu decken, auf TikTok hochladen.

«Messer und Gabeln müssen parallel liegen!», würde

sie mit perfekt hochtoupiertem Haar und grenzenloser Begeisterung in der Stimme sagen. «In exakt gleichem Abstand vom Tischrand. Und keine Fingerabdrücke auf den Gläsern!»

Schließlich würde eines ihrer TikTok-Filmchen von einem Fernsehproduzenten entdeckt werden. Barbara wäre eine Einladung als Talkgast ins Frühstücksfernsehen sicher, wo sie darüber sprechen würde, wie unglaublich wichtig es ist, dass das Besteck am richtigen Platz liegt. Das würde in einen Vertrag mit fünfstelligem Garantiehonorar für ein Buch mit dem klingenden Titel *Das Barbara-Prinzip* oder *Frühstück bei Barbara* oder *Tischlein-ich-deck-dich-am-Abend-zuvor* münden. Barbara würde anschließend ihre eigene Produktlinie für Frühstückskost bekommen – eine ganze Palette an Säften mit Kohlaufguss, zuckerreduzierter Marmelade und glutenfreiem Biomüsli. Und natürlich hätte sie ihren eigenen Hashtag, etwa #deckdeintischleinmitbabsi, #babsisfamilienfrühstück oder #mädelwaschdentellerab.

Noch Wochen, nachdem ihr Buch auf die Bestsellerlisten katapultiert worden wäre, würde der Barbara-Effekt anhalten. Frauen im ganzen Land würden abends den Frühstückstisch decken, teure Keramikschalen kaufen und ihre Cornflakes in Weckgläser füllen. Und dann würden sich Leute wie meine Mum – die ihre Scheibe Toast über dem Spülbecken gegessen hat – minderwertig fühlen und sich schämen.

Um Leahs und meiner selbst willen bin ich daher sehr froh, dass nichts davon eingetreten ist.

Heutzutage gibt es natürlich überall Barbaras, und sie haben alle ihre eigenen #homeInspo-Plattformen. Da sind Reinemach-Barbaras, Entrümpel-Barbaras, Organisier-Barbaras und Speisekammersortier-Barbaras. Sie betreiben Websites, Blogs, Facebook-Gruppen und Subreddits, und sie verschicken Newsletter über Fugenpinsel und Essbesteck. Sie haben Instagram-, You-Tube- und TikTok-Kanäle mit Namen wie *Entrümpeln mit Chantal*, *MoppMama* und *Putzfeenreich*. Sie teilen Wäschetipps, Zeitpläne für den Hausputz, Ratschläge fürs Saubermachen und Fleckenentfernungshacks. Sie posten Fotos von ihren klinisch reinen Häusern, ihrer minimalistischen *Capsule Wardrobe* und ihren penibel geordneten Speisekammern.

Einige Barbaras kann man verstehen; sie scheinen ganz normale Menschen zu sein, oder zumindest Menschen, die ungewöhnlich begeistert Bettlaken zusammenfalten und Seifenschaumreste aus der Duschkabine entfernen. Andere Barbaras sind da schon weniger volksnah und leben in makellosen vier Wänden mit zahlreichen Kindern, die keinerlei Unordnung zu produzieren scheinen. Eine prominente Influencerin unterrichtete gar ihre sieben hübschen Kinder zu Hause, betrieb eine Firma, die Kohlsaft vertrieb, und lebte in einem reinweißen Haus. Sie ist inzwischen offline, daher kann ich ihre Kanäle nicht verlinken, aber ich meine – ein weißes Haus? Wie hat sie das gemacht? Ich habe einmal eine weiße Couch gekauft, und sie war binnen eines Monats mit Flecken übersät. Und das war, bevor ich Kinder hatte.

Nachvollziehbar oder nicht, diese Barbaras haben eines gemeinsam: Sie sind fast ausnahmslos weiblich. Es existiert kein Blog mit dem Namen *Ein ganzer Kerl dank Wäschewaschen*, kein Instagramkanal für @entrümpelhansi, kein TikTok-Profil von @paulputzt und auch keine Facebook-Gruppe *Väter mit Feudel*. Es mag Männer geben, die es lieben, ihre Fußbodenleisten zu wienern, aber sie schreiben eben nicht in den sozialen Netzwerken darüber. Vielleicht gibt es eine florierende Community von *Männern, die auf Flecken starren* in anonymen Chatrooms im Darknet? Vielleicht reden sie sich heimlich die Köpfe heiß über Schimmelbefall und Spinnennetzbürsten – und wir Frauen wissen es nur nicht?

Im Schweinsgalopp durch sämtliche Putztipps

Als ich online meinen Blick durch das Universum der #homeInspo-Ratschläge schweifen ließ, ging mir auf, wie naiv ich gewesen war. Ich habe immer geglaubt, dass Hausarbeit eine relativ einfache, wenn auch äußerst monotone Angelegenheit sei. Du räumst Sachen in Schränke. Du wechselst einmal wöchentlich die Bettwäsche. Du wischst sämtliche Oberflächen, wenn sie klebrig sind, und die Böden, sobald sie eklig werden. Du saugst die Teppiche, wenn jemand in deinem Haushalt zu niesen beginnt, und du reinigst den Kühlschrank, wenn die Gemüsereste zu leben anfangen. Du schüttest einen Eimer WC-Reiniger ins Klo, wenn es kritisch wird, und tust all das so schnell und selten wie nur eben möglich.

Ich habe mich geirrt. Es stellt sich heraus, dass Hausarbeit eine nicht unerhebliche Expertise voraussetzt. Ich hatte die breite Palette an Fähigkeiten vollkommen unterschätzt, die nötig sind, um die eigenen vier Wände sauber zu halten.

Es gibt mehr Bücher über Hausarbeit, als ich aufzählen, geschweige denn lesen oder in meinem Regal verstauben lassen könnte. Ich habe Bücher dazu durchstöbert, wie man systematisch putzt, wie man kostengünstig putzt, wie man bio putzt und wie man putzt, wenn man Kinder hat. (Letztere Bücher erläutern vermutlich auch, wie man den Nachwuchs dazu bekommt, auszuziehen.)

Übersprungen habe ich das Subgenre der Bücher über christliches Putzen, die die Gläubigen darin unterweisen, ihr Zuhause als Haus der Glorie und Haus Gottes herzurichten. Ich habe schon keine Lust, für meine menschlichen Besucher aufzuräumen, noch viel weniger Energie habe ich, mein Zuhause für den Herrn in Schuss zu bringen. (Außerdem bin ich Jüdin, gehöre also naturgemäß nicht zum Zielpublikum, aber das nur nebenbei.)

Glücklicherweise habe ich meine Nische in Büchern übers Speedputzen gefunden – tatsächlich die einzige Spielart des Putzens, die mich zu Begeisterungsstürmen hinzureißen vermag. Ich habe manch glückliche Stunde damit verbracht, auf meiner Couch zu liegen, Schokolade zu essen und mich darüber zu wundern, wie zügig ich mein Haus sauber bekommen könnte.

Das erste Buch, das ich gelesen habe, hat mir ein idiotensicheres System verraten, wie ich in nur fünfzehn Minuten am Tag mein Haus rein halte. Ich hatte gleich den Verdacht, dass das ein bisschen optimistisch kalkuliert sein könnte, da ich schon mindestens vier Minuten dafür brauche, den Staubsauger aus der Waschküche heraufzuholen, und weitere drei Minuten dafür, wieder gehen zu können, nachdem er mir auf den Fuß gefallen ist.

Als ich das nächste Buch aufschlug, fühlte ich mich ziemlich an der Nase herumgeführt, denn fünfzehn Minuten sind alles andere als kurz. Dieses nächste Buch versprach mir nämlich, dass ich für den Haushalt nur zehn Minuten am Tag brauchen würde, was gute dreiunddreißig Prozent schneller ist! Ich müsste meine Putzgeschwindigkeit allerdings um das Eineinhalbfache steigern, und das erschien mir doch mörderisch. Dennoch hätte ich bereits fünf Minuten meiner Zeit eingespart, noch bevor ich auch nur einen Schwamm angefasst hätte.

Was soll ich sagen, zehnminütiges Speedputzen wirkte wie Schneckentempo, sobald ich das nächste Buch aus meinem Stapel zur Hand nahm. Es garantierte mir ein makelloses Zuhause in rasanten acht Minuten, was mir ziemlich utopisch vorkam. Wenn ich von meinen Staubsaugerverletzungen genesen wäre, hätte ich wahrscheinlich nur noch sechzig Sekunden übrig, um durchs Haus zu wirbeln.

Ich machte mir nicht mehr die Mühe, das eine übrige Buch zu lesen, denn ich wusste, dass es seine Versprechen nicht würde halten können. Dieses letzte Buch versprach mir ein sauberes Zuhause in «weniger Zeit, als du dir vorstellen kannst», was aus naheliegenden Gründen nicht realisierbar war. Ich stellte mir doch bereits vor, in acht Minuten mit dem Putzen durch zu sein, wie viel weniger Zeit konnte es noch werden? Konnte ich es in nur sechs Minuten schaffen? In vier? Zwei? Vielleicht konnte ich ja meine vier Wände sehr streng anschauen, und der Schmutz würde es mit der Angst zu tun kriegen und sich in Luft auflösen?

Ich setzte meine Feldforschungen fort und durchforstete Blogs und Foren, die jeden nur denkbaren Putzansatz erörterten. Ich putzte nicht selbst – das stand schließlich nicht in meinem Verlagsvertrag –, aber ich lernte eine Menge über Hausarbeit:

- Man sprüht nicht einfach Allzweckreiniger auf einen Fleck, rubbelt ein bisschen darauf herum und hofft das Beste. Es existiert eine ganze Wissensbibliothek darüber, wie man alle möglichen Schönheitsfehler angeht, von rotem Lippenstift auf der Bettdecke bis hin zu Schießpulver auf der cremefarbenen Ledercouch, von Kratzspuren auf dem Parkett bis hin zu Blutspritzern auf dem Hochflorteppich.

- Für Menschen, die sich die Hausarbeit gern so schwer wie möglich machen, gibt es Bücher und Websites darüber, wie man ungiftige Reinigungsmittel selbst herstellt. (Spoileralarm: Sie alle enthalten dieselben zwei Zutaten, nämlich Essig und Natron.)

- Wischmopps und Staubsauger sind reines Startwerkzeug! #homeInspo-Influencer, die etwas auf sich halten, arbeiten – neben ihren hausgemachten Reinigungsmitteln – mit komplexen Geräten wie kabellosen Drei-in-eins-Turbomopps mit integriertem Wassertank, Multifunktionsbodenreinigern und Hochdruckdampfreinigungssystemen. (Randnotiz: Es liegt mir fern, Essig oder Natron zu verunglimpfen, aber vielleicht würden diese Leute kein Hochleistungsgerät im Pferdestärkenbereich brauchen, wenn sie handelsübliche Reiniger anstatt Salatsoße verwendeten.)

- Es existiert eine eigene Subkultur an Putzvideos für all jene, die Lektionen in ausschweifender Länge bevorzugen – unerklärlicherweise gibt es offenbar tatsächlich solche Zeitgenossen! Googel mal «Putzmarathon», und schon kommst du in den Genuss von Putzsessions, die eine Stunde, sechs Stunden oder sogar *zwei Tage* dauern und nur deshalb gestreamt werden, damit du deinen Spaß beim Zuschauen hast. (Mir persönlich würde es das größte Vergnügen bereiten, zuzuschauen, wie ein Fremder in *meinem* Haus putzt. Ich würde für dieses Privileg sogar zahlen, und das habe ich auch durchaus schon getan. Aber der Wunsch, Fremde dabei zu beobachten, wie sie ihr eigenes Zuhause säubern, verstört mich doch ziemlich.)

Alles muss raus

Es gibt viele verschiedene Ansätze, wie man seinen Haushalt neu organisiert, und jeder wird von Experten erläutert und von glühenden Anhängern verfochten. Doch diese Ansätze haben einen geheiligten Grundsatz gemeinsam: Absolut alles, was du besitzt, muss raus.

Natürlich übertreibe ich. Du darfst ein paar Gegenstände behalten. Aber Minimalismus ist gut, zu viel Besitz schlecht und Gerümpel der Erzfeind deiner geistigen Gesundheit und deines Zuhauses.

Was du behalten darfst, hängt von der Philosophie ab, der du am meisten abgewinnen kannst – und es gibt viele verschiedene Philosophien. Im Haus meiner Mum stehen mehr Bücher übers Entrümpeln als Vasen herum – und meine Mum hat nie entrümpelt, sodass es tatsächlich sehr viele Bücher sind.

Sie tragen Titel wie *Entrümpeln mit Feng Shui, Nein, du verdienst es nicht, etwas Schönes zu besitzen* und *Wirf heute hundert Sachen weg*; darunter ist auch der Klassiker *Wie man in einem trostlosen, leeren Haus lebt, um den Kindern später keine Umstände zu bereiten.*

Wenn du dich der japanischen Kunst des Entrümpelns anschließt, musst du dich bei jedem Gegenstand in deinem Haushalt fragen, ob er dir Freude macht. Tut ein Gegenstand das, so darf er bleiben; tut er das nicht, so musst du ihm danken und ihn dann brutal in die Tonne treten.

Mir gefällt die Vorstellung, den Dingen zu danken, weil ich mich leicht langweile und es schön ist, jemanden zum Reden zu haben. Andererseits habe ich eine extrem niedrige Reizschwelle, daher müsste ich die japanische Art der Entrümpelung leicht abwandeln, sonst würde mein gesamtes Hab und Gut im Müll landen.

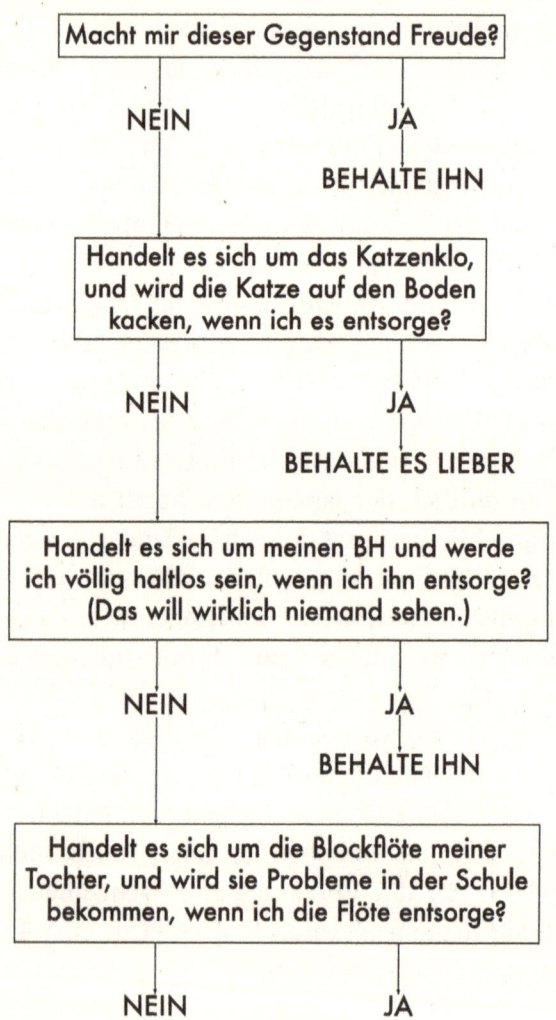

Macht mir dieser Gegenstand Freude?

NEIN   JA

BEHALTE IHN

Handelt es sich um das Katzenklo, und wird die Katze auf den Boden kacken, wenn ich es entsorge?

NEIN   JA

BEHALTE ES LIEBER

Handelt es sich um meinen BH und werde ich völlig haltlos sein, wenn ich ihn entsorge? (Das will wirklich niemand sehen.)

NEIN   JA

BEHALTE IHN

Handelt es sich um die Blockflöte meiner Tochter, und wird sie Probleme in der Schule bekommen, wenn ich die Flöte entsorge?

NEIN   JA

SCHWERE ENTSCHEIDUNG, ABER BEHALTE SIE LIEBER

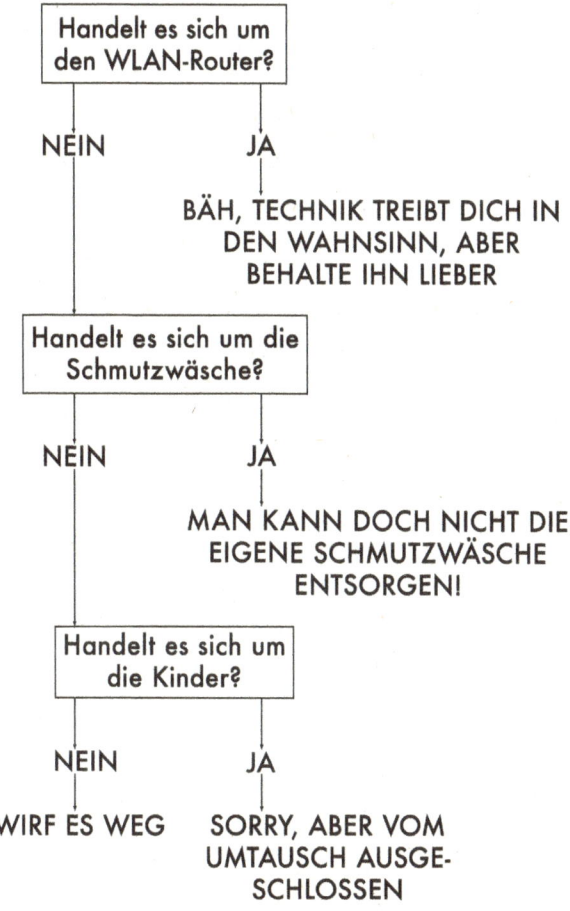

Handelt es sich um den WLAN-Router?

NEIN — JA

BÄH, TECHNIK TREIBT DICH IN DEN WAHNSINN, ABER BEHALTE IHN LIEBER

Handelt es sich um die Schmutzwäsche?

NEIN — JA

MAN KANN DOCH NICHT DIE EIGENE SCHMUTZWÄSCHE ENTSORGEN!

Handelt es sich um die Kinder?

NEIN — JA

WIRF ES WEG — SORRY, ABER VOM UMTAUSCH AUSGE-SCHLOSSEN

Wenn du ein Verfechter der schwedischen Kunst des *Death Cleaning* bist, musst du alles loswerden, was deinen Kindern keine Freude macht. Death Cleaning verlangt, dass du all deine weltlichen Güter wegwirfst, sodass deine Angehörigen sich nicht mehr darum kümmern müssen, wenn du überraschend stirbst. Diese Philosophie leuchtet mir absolut ein, wenn ich mein Elternhaus besuche, das bis unters Dach mit Kunstwerken, Krimskrams, Nippes, Büchern und einer Kollektion bunter Vasen vollgestopft ist. Sie leuchtet mir viel weniger ein, wenn ich in meinem eigenen Haus bin, das bis unters Dach mit Kunstwerken, Krimskrams, Nippes, Büchern und einer Kollektion Miniaturkühe vollgestopft ist.

Kühe sind ja wohl eindeutig reizvoller als Vasen, daher haben meine Kinder mehr Glück, als ich es hatte. Aber sollen meine Eltern wirklich in asketischem Minimalismus leben, nur um es mir zu ersparen, eines Tages ihren Haushalt auflösen zu müssen? Schönen Dank auch, Mum, das wäre sehr nett. Hier sind ein paar Mülltüten. Ruf mich an, wenn du fertig bist.

Und soll *ich* in asketischem Minimalismus leben, nur um es meinen Kindern zu ersparen, eines Tages meinen Haushalt auflösen zu müssen? Keine Chance, ihr faulen, undankbaren Gören. Ich liebe meine Kühe.

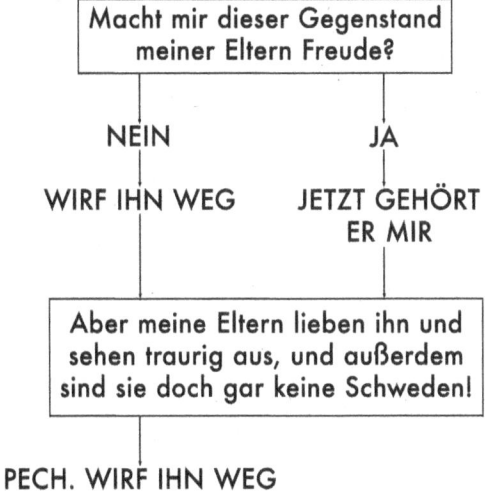

Macht mir dieser Gegenstand meiner Eltern Freude?

NEIN → WIRF IHN WEG

JA → JETZT GEHÖRT ER MIR

Aber meine Eltern lieben ihn und sehen traurig aus, und außerdem sind sie doch gar keine Schweden!

PECH. WIRF IHN WEG

Ein Regenbogen in deinem Bücherregal

Wenn Minimalismus der erste Grundsatz der Neuorganisation deines Haushalts ist, dann lautet der zweite, dass all deine Habseligkeiten nach einem Farbcode geordnet sein müssen – von deinen Büchern bis hin zu deinen Klamotten und Kosmetika, von den Schreibwaren bis hin zu den Snacks in deiner Speisekammer.

Regenbogen im Haus gefallen mir ungemein – eine Farbcodierung lässt deine Habseligkeiten auf eine sozial verträgliche, Instagram-kompatible Weise hübsch ordentlich wirken. Gleichwohl werden deine Sachen genauso aussehen wie die Sachen von jedem anderen, der diesen Regenbogenrichtlinien folgt.

Was wichtiger ist: Die Farbcodierung bricht mit dem einzigen Grundsatz der Heimorganisation, der da lautet: Man sollte in der Lage sein, zu Hause seine Sachen wiederzufinden. Sicher, Farbcodes sind praktisch, wenn du im Kleiderschrank nach deinem pinken T-Shirt fahndest oder den orangefarbenen Zeichenstift in deinem Malzeug suchst. Es funktioniert allerdings eher weniger gut, wenn du nach einem bestimmten Snack in deiner Speisekammer Ausschau hältst und nicht mehr weißt, ob die Packung rot, grün oder blau ist.

Und Gott helfe dir, wenn du ganz dringend dieses Buch über Fleckenentfernung brauchst und dir die Farbe des Buchrückens partout nicht mehr einfällt. (Andererseits brauchst du kein Buch: Die Antwort lautet Essig und Natron. Und dein Regenbogen darf so perfekt bleiben, wie er ist.)

Die große Frage ohne Antwort

Das Trendthema Haushaltsmanagement ist weitläufig und ironischerweise ziemlich unaufgeräumt. Aus jeder Ecke springen dir Influencer entgegen, die dir erzählen, wie du deine eigene Behausung sauber halten und organisieren musst. Ihre Stimmen unterscheiden sich, ihre Tipps und Tricks variieren, aber sie haben doch alle dieselbe Botschaft: Wenn du nur die geeigneten Produkte und Mittelchen verwendest, kann auch dein Zuhause porentief rein werden. Wenn du dem richtigen Zeitplan folgst und die richtigen Motivationsvideos guckst, kannst du jedes Chaos in den Griff bekommen. Wenn du alle Vasen wegwirfst, die dir im letzten Jahr keine Freude gemacht haben, kannst du dein Heim vollkommen entrümpeln. (Bitte beachte: Meine Mutter beharrt darauf, dass ihr jede einzelne ihrer Vasen Freude bereitet, und wer bin ich, darüber einen Streit vom Zaun zu brechen?) Wenn du dein Bettzeug auf Kante zusammenlegst, deine Bücher nach den Farben des Regenbogens sortierst und deine Lebensmittel in Weckgläser mit Etiketten in Schönschrift umfüllst, kannst auch du die Vollkommenheit in dein Haus holen.

Du musst dich nie wieder mit einem Schmierfilm an der Duschwand, einem Fingerabdruck auf dem Schlafzimmerfenster oder einem Fleck auf deinem weißen Bettbezug belasten. Du kannst die perfekte Küche haben. Den perfekten Kleiderschrank. Die perfekte Speisekammer. Das perfekte Zuhause!

Da ist nur ein niedliches kleines Detail, das unklar bleibt: Warum *braucht* man eigentlich ein perfektes Zuhause?

Nun, es gibt Leute, die ihre aufrichtige, helle Freude daran haben, ihr Haus zu putzen und aufzuräumen. Wenn du auch so tickst, dann freue ich mich ehrlich für dich und kann deine Passion nur gutheißen. (Ich bitte dich zudem, dir Kapazitäten freizuhalten für den Fall, dass du auch deine aufrichtige, helle Freude daran hast, *mein* Haus zu putzen, und ich lade dich ganz herzlich ein, mich zu besuchen und es herauszufinden.)

Aber dieses Buch wurde nicht für Leute geschrieben, die leidenschaftlich gern sauber machen. Dieses Buch wurde für Leute geschrieben, die es nicht gern tun oder es mit dem Putzen nicht so genau nehmen oder es auf ihrer Liste von Lieblingsbeschäftigungen ganz unten ansetzen – noch weit unter einer Darmspiegelung, der Steuererklärung und Elternabenden.

Meine lieben Freundinnen und Freunde, die ihr vor derlei häuslichen Herausforderungen steht, dieses Buch will euch den Rücken stärken. Egal, was die Influencer sagen, ihr braucht kein vollkommenes Zuhause. Unvollkommenheit ist das Gebot der Stunde, und ich werde euch verraten, warum.

EINS
Die Natur verabscheut die Leere: Mit den Mythen über das Chaos aufräumen

Was Influencer sagen

Was eigentlich macht Hausarbeit-Influencer so ... einflussreich? Nun ja, Influencer haben alle möglichen tiefen Erkenntnisse darüber zu bieten, warum wir putzen und aufräumen sollten. Ihre Weisheiten wirken extrem cool, wenn sie als inspirierende Memes vor einem strahlend blauen Himmel im Hintergrund gepostet werden.

Es gibt da nur ein winziges Problem mit solchen Motivationsmitteilungen: Sie sind nämlich nicht wahr.

Influencer sagen Dinge wie:

«Ordnung im Haus, Ordnung im Kopf.»
Wenn du jemals jemanden kennengelernt hast, der ein perfekt aufgeräumtes Haus hat, dann weißt du, dass dieser Satz schlicht und ergreifend nicht stimmt. Die meisten Leute mit makellosen Häusern sind nicht ruhig und entspannt; sie sind extrem verkrampft und penibel! (Das Wort «zwanghaft» kommt einem in den Sinn, aber das erscheint mir unnötig abwertend, des-

halb werde ich es in diesem Buch nicht verwenden.) Es ist durchaus möglich, inmitten eines total ordentlichen Heims ein kompletter Wirrkopf zu sein. Wenn es wirklich so leicht wäre, im Oberstübchen klar Schiff zu machen, bräuchten wir keine Therapeuten oder Medikamente mehr. Die Psychologen würden uns allen Entrümpelungsbücher und einen Besen verordnen und uns weiterschicken.

«Es ist genauso leicht, etwas an den richtigen Ort zurückzuräumen, wie es an den falschen Ort zurückzutun.»
Das trifft nicht zu, was ich dir gleich beweisen werde. Geh in dein Schlafzimmer, hol ein T-Shirt und trag es in die Küche. Ist es jetzt wirklich so viel einfacher für dich, den ganzen weiten Weg ins Schlafzimmer zurückzutrotten, als das T-Shirt einfach in den Vorratsschrank zu stopfen? Es ist eindeutig viel leichter, etwas an den falschen Ort zurückzuräumen und sich erst später Gedanken über die Konsequenzen zu machen.

«Weniger ist mehr!»
Okay, ich räume ein, dass weniger unter gewissen Umständen vorzuziehen sein mag: etwa, wenn es um Kopfläuse geht oder die Falten auf deiner Stirn oder die Kalorien in einem Nachtisch. Aber in Bezug auf die eigenen vier Wände ist mehr im Allgemeinen besser. Unordnung ist schließlich nur der Ausdruck eines Über-

flusses von Besitz, und es macht doch Spaß, Besitz zu haben. Je mehr Kleider du hast, desto mehr Outfits kannst du tragen. Je mehr Möbel in deinem Haus stehen, an umso mehr Plätzen kannst du sitzen! Je mehr Krimskrams du sammelst, desto mehr schöne Sachen kannst du dir anschauen. Und je mehr Vasen du dein Eigen nennst, desto mehr Blumensträuße kannst du hinstellen. (Meine Mum hat dafür gesorgt, dass ich diesen letzten Satz ins Buch aufgenommen habe. Um ehrlich zu sein, verstecken sich die meisten ihrer Vasen in Schränken, aber wir müssen hier jetzt nicht kleinlich werden.)

«In einem aufgeräumten Haus stellt sich Gelassenheit ein.»
Ja, ich kann mir vorstellen, dass das stimmt. Aber bei dem Unterfangen, das Haus zuerst in den Zustand der Ordnung zu versetzen und sich dann abzustrampeln, diesen Zustand auf ewig zu erhalten, kann sich auch ziemlich viel Stress einstellen.

«Ein Zeitplan für die Hausarbeit macht das Leben leichter!»
Hast du schon mal so einen Zeitplan gesehen? Da werden tägliche und wöchentliche und monatliche Aufgaben aufgeführt, von denen viele undurchsichtig und total unnötig sind. (Ernsthaft: Wer wischt seine Wände schon einmal in der Woche feucht? Oder poliert jeden

Freitagnachmittag seinen Toaster?) Wir Menschen haben genug um die Ohren in dieser komplexen modernen Welt. Wir haben bei der Arbeit vielleicht einen Abgabetermin am Dienstagmorgen, gefolgt von einem Zahnarzttermin am Dienstagnachmittag, gefolgt vom Fußballtraining des einen und dem Elternabend des anderen Kindes – und da sollen wir am Dienstag auch noch den Kühlschrank putzen?

«So bist du immer auf Besuch vorbereitet.»
Nein, nein, nein! Das ist dasselbe, wie darüber zu sprechen, eine «Bikinifigur» für den Sommer zu bekommen. Du musst nichts Besonderes tun, um eine Bikinifigur zu haben; du musst nur deinen vorhandenen Körper in einen Bikini pressen! Entsprechend musst du nichts tun, um dein Heim auf Besuch vorzubereiten – du musst nur die Tür öffnen und ihn hereinwinken.

«Nichts ist befriedigender als eine aufgeräumte Speisekammer.»
Oh, bitte. Es gibt ungefähr siebzehn Millionen Dinge, die befriedigender als eine aufgeräumte Speisekammer sind. Sex zum Beispiel. Ein Mittagsschläfchen. Schokoladenkekse. Ein Neugeborenes im Arm zu halten. Ein neues Paar Schuhe zu kaufen. Gleich beim ersten Versuch perfekt in eine sehr enge Lücke rückwärts einzuparken. Einen Hundert-Euro-Schein auf der Straße zu finden.

Ordnung ist nicht das halbe Leben

Hausarbeits-Influencer verraten Tipps und Tricks, um uns dabei zu helfen, unser unordentliches Haus in ein aufgeräumtes zu verwandeln. Sie betrachten es als gesetzt, dass Reinlichkeit das anzustrebende Ideal ist und Unordnung ein beklagenswerter Zustand. Aber was, wenn sie alle nur Opfer kultureller Propaganda sind? Was, wenn das Chaos der überlegene Zustand ist und die Vorzüge der Sauberkeit erstunken und erlogen sind?

Fangen wir damit an, einen der ältesten Mythen der Welt (oder zumindest in der Geschichte von Besen und Kehrschaufel) zu demontieren. «Sauberkeit kommt gleich nach Gottesfurcht» ist eine Redensart im Englischen, aber das stimmt keineswegs – jedenfalls nicht in Bezug auf dein Zuhause. In der Bibel werden keine aufgeräumten Häuser, Zelte oder auch nur Jurten erwähnt. Die Bibel spricht von Hand- und Fußwaschungen, rituellen Bädern und sauberen Kleidern, aber dort steht absolut nichts darüber, dass man sein Haus reinlich halten soll.

Sauberkeit ist kein spiritueller oder moralischer Wert. Sie steht in keinem Zusammenhang mit Tugendhaftigkeit. Häusliche Reinlichkeit hat mit Göttlichkeit so viel zu tun wie wilder Haarwuchs mit Weisheit oder Schläfrigkeit mit Vorahnungen oder Gelassenheit mit einem guten Geruchssinn.

Wenn du ein sauberes und aufgeräumtes Heim vorzuweisen hast, heißt das nicht, dass du ein guter Mensch bist; es heißt nur, dass du viel putzt. Reinliche Leute sind nicht freundlicher oder wohltätiger als unordentliche, obwohl sie wahrscheinlich viel mehr von Essig verstehen.

Mehr noch: Unordentlich zu sein, bedeutet nicht, dass es dir an Disziplin fehlt oder dass du faul bist oder auch nur schlecht organisiert. Wer in einem chaotischen Haushalt lebt, kann in anderen Lebensbereichen äußerst diszipliniert sein. Tatsächlich sind Leute mit einem unordentlichen Haushalt wahrscheinlich disziplinierter als solche, die ständig aufräumen, weil sie berufliche Arbeiten nicht auf die lange Bank schieben, indem sie die Jalousien abstauben oder die Speisekammer fegen.

Du glaubst mir nicht? Nun, ich kann das beweisen, denn ich bin wirklich unordentlich, aber ich bin gleichzeitig ein guter Mensch. Ich bin unordentlich und freundlich und fürsorglich und großzügig und mitfühlend (außer morgens, wenn ich noch keinen Kaffee intus habe). Ich bin unordentlich und eine gute Freundin und mit Leib und Seele Mutter und Tochter (wenn ich ausgeruht und satt bin und genug Kaffee intus habe). Ich bin unordentlich und pflichtbewusst und sehr diszipliniert bei der Arbeit (sofern nicht gerade etwas Aufregendes bei Twitter passiert).

Natürlich kann ein chaotischer Haushalt das Symptom eines Problems sein, wenn jemand normalerweise ordentlich ist und dann plötzlich das Putzen einstellt. Wenn du dich nicht mal zu den einfachsten Hausarbeiten aufraffen kannst, könnte es sein, dass eine klinische Depression vorliegt. Wenn das der Fall ist, dann such dir bitte Unterstützung und Hilfe und denk daran, dass alles wieder besser werden kann und wird.

In den meisten Fällen ist ein unaufgeräumtes Zuhause einfach nur ein Symptom für ein geschäftiges Leben und/oder selektive Blindheit und/oder mangelndes Interesse am Staubsaugen. Es ist eine ästhetische Entscheidung, kein charakterliches Defizit. Viele fabelhafte und talentierte Menschen sind keine Putzteufel. Das scheint zum Beispiel auf Beyoncé zuzutreffen.

Du glaubst mir immer noch nicht? Nun, es ist wissenschaftlich erwiesen, dass Menschen, die eine hohe Toleranz für Unordnung haben, in so ziemlich allen Belangen «besser» sind als andere, die extrem penibel sind. In ihrer Studie *The Morality of the Unwashed Dish* haben Snortnoble, Trubevore et al. sich eine zufällige Stichprobe von siebenunddreißigtausend Erwachsenen zwischen achtzehn und dreiundfünfzig Jahren angesehen und herausgefunden, dass Menschen, die Schmutz und Unordnung in ihrem Haushalt ignorieren können, aufnahmefähiger, selbstverwirklichter und viel unterhaltsamer auf Partys sind als Leute, die einen Putzfimmel haben.

Unordentlichkeit ist mit einem kulturellen Stigma

behaftet, das willkürlich und unbegründet ist und nur zu überflüssigen Schamgefühlen führt. Wir müssen dieses Stigma über Bord werfen! Wir müssen die Schamgefühle loswerden, genau wie unsere Schürzen und Bücher über Fleckenentfernung. Unser ureigener Wert hat rein gar nichts zu tun mit einer tadellosen Verfügung, geordneten Bücherregalen oder der Häufigkeit, mit der wir unsere Wände feucht abwischen. Es gibt viele Arten, ein guter und anständiger Mensch zu sein, und einige davon werde ich im Folgenden ausführen.

Anmerkung des Lektorats: Aus rechtlichen Gründen sind wir verpflichtet, darauf hinzuweisen, dass die in diesem Kapitel zitierte Studie frei erfunden zu sein scheint und weder Snortnoble noch Trubevore jemals gelebt haben.

Wie man ein guter Mensch wird

- Zeige deine Wertschätzung für Freunde, indem du ihre Instagram-Postings likest, auch wenn es sich nur um ein Foto einer ziemlich gewöhnlichen Mousse au chocolat handelt.
- Heuchle Interesse an den Fotos vom Baby deiner Freundin, das wie jedes andere Baby aussieht – und außerdem wie eine kleine Kartoffel.
- Lausche höflich deiner Mutter, die dir gerade zum dritten Mal in allen widerlichen Details schildert, wie das wuchernde Geschwür am

Bein ihrer Freundin Elvira operativ entfernt
wurde.

- Zeige dich als großzügiger Gewinner, wenn du
deine Mutter im Scrabble schlägst, indem du
keinen Freudentanz aufführst, nicht die Fäuste
reckst und «Nimm das, du Loser!» rufst.
- Erweise jemandem eine Freundlichkeit, auch
wenn sie nicht für die sozialen Medien gefilmt
wird.
- Bemühe dich um eine gute Passagierbewertung
bei Uber.
- Übe, dich aus tiefstem Herzen zu entschuldigen,
ohne das Wörtchen «aber» zu benutzen.
- Teile deine Pommes mit denen, die mit dir am
Tisch sitzen. (Was ungemein schwer ist, ich
jedenfalls arbeite noch daran.)
- Klicke auf den Button, mit dem du beim Online-
shopping eine wohltätige Organisation unterstützen kannst.
- Antworte mit einem lachenden Emoji auf jedes
Meme, das dir deine Freunde schicken, selbst
wenn es gar nicht so lustig war und du überhaupt nicht lachen musstest.
- Antworte immer mit «Nein» auf die Frage «Sieht
mein Hintern fett in dem Outfit aus?» – es
sei denn, die betreffende Person wäre darum
bemüht, einen breiteren Hintern zu bekommen.
In diesem Fall sagst du: «Ja!»

- Lass andere Autos vor dir einfädeln, selbst wenn du es eilig hast.
- Hebe zum Dank kurz die Hand, wenn jemand dich einfädeln lässt.
- Stell niemanden in den sozialen Medien öffentlich bloß, selbst wenn er im Supermarkt einen kleinen Nervenzusammenbruch hatte, den du gefilmt hast.
- Behalte Geheimnisse für dich, vor allem das eine pikante, das alle deine Freundinnen liebend gern wissen würden.
- Mach dir regelmäßig deine Privilegien als weißer Mensch, als Cisgender, als Reicher, als Nichtbehinderter und/oder chaoserprobte Person klar.
- Erläutere hilfreicherweise in einem Buch über Haushaltsführung, wie man ein guter Mensch wird.

Keime sind gesünder, als du denkst

Ordnung ist nicht nur nicht das halbe Leben, Ordnung ist auch nicht halb so gesund, wie du vielleicht geglaubt hast. Ständiges Putzen kann dein Zuhause keimfrei machen, doch das liegt eigentlich – trotz der Einflüsterungen der Reinigungsindustrie – gar nicht in deinem Interesse.

Wir leben in einer extrem keimfeindlichen Gesellschaft. Die Medien haben dem gemeinen Keim den Krieg erklärt, und eine gewisse katastrophale globale Pandemie in jüngster Vergangenheit hat nicht gerade dazu beigetragen, sein Image zu verbessern. Die Reinigungsindustrie hat maßgeblich zu diesem Antikeim-Werbefeldzug beigetragen, um in der Folge Desinfektionssprays, antiseptische Feuchttücher, antibakterielle Seife und Handhygiene-Gel zu verkaufen. (Fairerweise sei allerdings erwähnt, dass während der gewissen katastrophalen globalen Pandemie in jüngster Vergangenheit Handhygiene-Gel ziemlich nützlich war.)

Wenn du eine Keimphobie hast, musst du dir selbst vergeben – es ist nicht deine Schuld, dass du Vorbehalte gegen Keime hast. Du bist mit dem kulturellen Stereotyp des heimtückischen Keims aufgewachsen, der Ravepartys in deiner Küche schmeißt, in deinem Bad wütet und mit anderen Keimen Orgien in deinem Bett feiert. Man hat dir Werbespots gezeigt, in denen böse Killerkeime in den finstersten Ecken deines Hauses zusammenkommen und Pläne zur Ausrottung deiner Familie schmieden. Man hat dir beigebracht, ständig auf der Hut zu sein und dein Desinfektionsspray wie eine Waffe zu führen, damit keine Armada von Keimen im Schutz der Dunkelheit hervorbrechen und dich im Schlaf überfallen kann.

Du musst diesen fiesen Stereotypen die Stirn und andere Körperteile bieten und endlich die Wahrheit über

Keime erfahren: Sie sind nicht alle die mörderischen, mikroskopisch kleinen Kreaturen, für die du sie gehalten hast. Du musst deine eigenen vier Wände nicht Tag und Nacht entkeimen. Nicht alle Keime sind schlecht. #nichtallekeime.

Natürlich sind einige Keime weniger gleich als andere. Niemand sagt, dass du mit den benutzten Taschentüchern eines Fremden herumspielen oder Wasser aus der Kloschüssel trinken oder ein Messer ablecken sollst, mit dem gerade ein frisch geschlachtetes Huhn entbeint wurde. Und während einer katastrophalen globalen Pandemie ist es eine ganz hervorragende Idee, deine Handhygiene zu intensivieren. In normalen, nichtpandemischen Zeiten allerdings brauchen wir den regelmäßigen Kontakt mit Schmutz und Keimen, um unsere natürliche Abwehr gegen Krankheiten aufzurüsten.

Ja, einige Keime können dich krank machen, aber zu wenig von etwas Schlechtem kann ebenfalls gefährlich werden. Wir alle müssen uns Mikroben aussetzen – jenen Bakterien, Pilzen und Viren, die insgesamt als «Keime» bezeichnet werden –, um ein starkes, funktionierendes Immunsystem aufzubauen.

Die Forschung hat gezeigt, dass der Kontakt mit «guten» Bakterien Diabetes, Infektionen und Allergien vorbeugen kann. (Ich habe diese Forschungen nicht angestellt. Ich bin nur eine bescheidene, aufstrebende Hausarbeits-Influencerin.) Und eine zu sterile heimische Umgebung kann diverse Mikrobiome abtöten, die dich und deine Familie gesund erhalten.

Keime wurden schonungslos von der Reinigungsmittelindustrie ins Visier genommen und dämonisiert, damit du Produkte kaufst, die du nicht wirklich brauchst. All die Desinfektionssprays und antiseptischen Feuchttücher und antibakteriellen Seifen sind normalerweise nicht nur unnötig, sie können sogar kontraproduktiv sein. Keimtötende Reinigungsprodukte wurden dazu erfunden, Probleme zu lösen, die es gar nicht gibt, ganz ähnlich wie Vaginal-Dampfbäder, vorgeschälte Bananen, Eierschäler und winzige Schuhe für Hunde.

Doch es gibt offenbar viele Menschen, die den Naturwissenschaften skeptisch gegenüberstehen und das Wort der Influencer über das der Wissenschaftler und Ärzte stellen. Früher hat mich das geärgert, da ich fest an die Wissenschaft glaube; aber nun, da ich selbst Influencerin bin, passt es mir sehr gut.

Für diejenigen unter euch, die skeptisch sind, hier ein unschlagbarer Beweis – von einer Influencerin –, dass Keime durchaus eine sinnvolle Erfindung sind.

Bericht einer Influencerin (wissenschaftlich nicht validiert)
Vor etwa zweiundzwanzig Jahren habe ich mein erstes Kind zur Welt gebracht, einen Jungen. Er war sehr hübsch und sehr klug – ein Umstand, der für diese Ge-

schichte keinerlei Rolle spielt, aber es ist mein Buch, also darf ich es erwähnen.

Ich beschützte meinen Sohn seine gesamte Kindheit über weitgehend vor allen Keimen. Ich war jung und sehr energisch und hatte fürchterliche Angst davor, mein Kind aus Versehen umzubringen. Ich sterilisierte seine Fläschchen mindestens drei Minuten lang. Ich wusch seine Kleider mit antibakteriellen Waschmitteln. Er bekam nur frisch zubereitetes Essen; da ich eine erbärmliche Köchin bin, waren das allerdings für gewöhnlich nur zerdrückte Bananen.

Zwei Jahre später bekam ich mein zweites Kind, diesmal ein Mädchen. Sie war sehr hübsch und überaus begabt, was ebenso wenig relevant, aber schön zu wissen ist.

Meine Tochter sah sich einer breiteren Palette an Keimen ausgesetzt als ihr großer Bruder. Ich hatte zu viel zu tun, um den Sterilisator einzusetzen, deshalb spülte ich ihre Fläschchen einfach nur gründlich aus. Mir ging das antibakterielle Waschmittel aus, und so benutzte ich normales Waschmittel für ihre Kleider. Ich hatte keine Zeit, Bananen zu zerdrücken, und gab ihr die Reste vom Essen ihres Bruders.

Weitere sechs Jahre später brachte ich noch einmal ein Kind zur Welt. Es war wieder ein Mädchen, und sie hatte riesige Augen und eine extrem laute Stimme. (Sie war auch klug und hübsch und begabt, aber ihre Stimme war immer das Erste, was den Leuten auffiel.)

Inzwischen hatte ich begriffen, wie robust Kinder sein können – außerdem war ich vollkommen ausgelaugt. Ich spülte die Fläschchen kurz unter dem Wasserhahn aus, bevor ich sie müde, wie ich war, mit Milch füllte. Ich wusch ihre Kleider so wenig wie nötig und wischte den schlimmsten Schmutz mit einem feuchten Lappen ab. Ich gab meiner Tochter Essen, das auf den Boden gefallen war, und einmal sogar einen schimmligen Keks, den ich im Auto fand. Ich wusste nicht einmal mehr, wie Desinfektionsspray aussieht.

Und dies ist die Moral meiner eigenen Geschicht': Allen drei Kindern geht es wunderbar – dem keimfreien, dem leicht verkeimten und dem einen, das sich in Keimen gewälzt hat. Sie erfreuen sich alle bester Gesundheit in dem vielfältigen Mikrobiom, das sich unser Zuhause nennt.

Wir alle müssen der Anti-Keim-Kultur, in der wir leben, die Stirn bieten und der unbewussten Voreingenommenheit gegen die zu Unrecht verunglimpften Keime trotzen. Keime können toxisch sein, das stimmt, aber das trifft auch auf viele Menschen zu, und wir entfernen ja auch nicht alle Menschen aus unserer Umgebung! (Außer natürlich während der katastrophalen globalen Pandemie der jüngsten Vergangenheit, aber das ist hier nicht von Belang.)

Wenn du die umwälzende Magie der Unordnung in dein Leben lässt, wirst du nicht nur gesünder, sondern auch toleranter und weltoffener werden. Keime mögen mikroskopisch klein sein, man kann mit ihnen keine Konversation betreiben, und sie haben auch nicht viel Persönlichkeit, aber sie sind Lebewesen und mitten unter uns. Wir alle müssen einfach nur lernen, mit ihnen klarzukommen.

Entropie

Bleibt anzumerken, dass Menschen, die das Putzen verabscheuen, nicht notwendigerweise auch ein geputztes Haus verabscheuen. Man kann den Infinitiv hassen, aber das Perfekt leidenschaftlich lieben.

Wenn ich viel Geld im Lotto gewinnen würde, wäre das Zweite, was ich täte, eine professionelle Reinigungskraft einzustellen. (Das Erste wäre, eine *Classic Flap Bag* von Chanel in Schwarz zu kaufen. Riskieren Sie mal im Internet einen Blick – sie ist umwerfend.) Die Reinigungskraft würde sich um das Haus und die Wäsche kümmern, die Küche aufräumen, nachdem mein Privatkoch das Essen zubereitet hätte, und meinem Butler helfen, mein Bett zu machen und jeden Abend ein Schokoladentäfelchen auf mein Kissen zu legen. (Nein, ich habe mir noch nie über einen Lotteriegewinn den Kopf zerbrochen. Warum fragst du?)

Doch sosehr ich ein porentief reines Haus zu schätzen wüsste, weiß ich es doch weitaus mehr zu schätzen, es *nicht* zu putzen. Es ist mir einfach die Zeit und Energie nicht wert, die ich dafür aufwenden müsste. Obwohl ich bereit bin, hart für die wirklich wichtigen Dinge im Leben zu arbeiten – etwa Bücher zu schreiben und die besten Schokoladenkekse aufzutreiben –, möchte ich dieselbe Mühe nicht auf Dinge ver(sch)wenden, die reine Kosmetik sind.

(So denke ich auch, wenn es um meinen Körper geht. Sicher, wenn ich morgen mit definierten Bauchmuskeln und einem straffen Hintern aufwachen würde, wäre ich über die Maßen erfreut. Ich würde wahrscheinlich ein paar bauchfreie Tops kaufen und ein Fotoshooting für Instagram anberaumen. Aber wenn ich Sit-ups machen oder Gewichte stemmen oder ins Fitnessstudio gehen muss, um das zu erreichen, dann bleibe ich bei dem Körper, den ich habe.)

Du kannst dir die Mühe sparen, die es dich kosten würde, dein Zuhause perfekt sauber zu bekommen, denn es *muss nicht* perfekt sauber sein – weil es von Menschen bewohnt wird, und Menschen sind per definitionem *nicht perfekt*. Wenn du es wärest, dann wärest du kein Mensch. Du wärest ein Roboter. Und wie ein Roboter kochen würde, will wohl niemand herausfinden.

Selbst wenn dein Zuhause vollkommen sauber wäre, würde es das nicht lange bleiben. Putzen ist buchstäblich ein Kampf gegen Naturgewalten. Gemäß dem wissenschaftlichen Prinzip, das wir als Zweiten Hauptsatz der Thermodynamik kennen (welcher so heißt, weil «Erster Hauptsatz der Thermodynamik» schon vergeben war), ist das Universum stetig dabei, sich dem Zustand der Entropie anzunähern, also Unordnung, Zufälligkeit und Chaos. Übertragen auf dein Zuhause, bedeutet das, dass es stetig dabei ist, sich dem Zustand des Durcheinanders, des Verfalls und Niedergangs anzunähern. (Übertragen auf die ganze Welt, bedeutet es, dass wir auf die Sonne zurasen, aber das ist im Moment nicht so wichtig.)

Dagegen anzukämpfen, dass sich deine Behausung an den Zustand der Entropie annähert, verbraucht eine enorme Menge Energie. Jedes einzelne Mal, bei dem du dich zum Putzen aufraffst, ziehst du in den Kampf gegen die Gesetze der Physik. Das ist aufreibend, deprimierend und eine Übung in Sinnlosigkeit. Morgen wird die Küche wieder schmutzig sein, die Fensterscheibe wieder verschmiert, und wieder wird ein Handtuch gewaschen werden müssen. Im Kampf des Menschen gegen die Natur wird der Mensch immer verlieren.

Was noch schwerer wiegt: Selbst wenn du einen flüchtigen Moment häuslichen Nirwanas erlangst, wird dir das nicht Zufriedenheit oder Selbstwertgefühl garantieren. Wahre Freude kommt nicht von einer strahlenden Duschwand; sie kommt aus deiner Seele (und vom Schokokekse-Essen, dem Gucken von Versöhnungsvideos auf Instagram und Online-Schuhkäufen). Perfektionismus wird dich natürlich nicht glücklich machen. Ich weiß das, weil ich mich gründlich über

Perfektionismus informiert habe, und es klang sehr unerfreulich.

Nun behaupte ich nicht, dass du das Putzen ganz aufgeben und dich in deinem eigenen Dreck in einem verstaubten, modrigen Haus suhlen sollst. Ich habe Verständnis für Unordnung und Unvollkommenheit, nicht für Maden und Schimmel! Es gilt, ein paar Grundstandards der Hygiene einzuhalten, denn Pilzbefall ist überraschend schwer in den Griff zu bekommen.

Aber ich glaube fest daran, dass es vollkommen in Ordnung ist, ein vollkommen unvollkommenes Zuhause zu haben. Ein bisschen Chaos ist nur eine harmlose Nebenerscheinung deines wunderbar unvollkommenen Lebens.

Vollkommenheit hat ihre Zeit und ihren Ort

Übrigens: Nur weil ich häusliche Perfektion ablehne, heißt das nicht, dass ich in anderen Lebensbereichen ebenfalls gegen Perfektion bin.

Gewisse Dinge müssen tatsächlich perfekt sein, sonst fällt die ganze Welt auseinander. Maßbänder zum Beispiel. Geschwindigkeitsmesser. Die Gesetze der Physik. Antivirenprogramme. Gerade Linien.

Es gibt auch Aufgaben, die perfekt ausgeführt werden müssen, sonst bricht das Kartenhaus unseres

Lebens zusammen. Ich spreche von Autozulassungen. Hausratsversicherung. Steuerrückzahlung. Die Kreditkartennummer eingeben, damit du in deinem liebsten Onlinestore pinkfarbene Kunstlederhosen kaufen kannst. Das Widerrufsformular ausfüllen, damit du deine pinkfarbenen Kunstlederhosen wieder zurückgeben kannst, wenn sie drei Tage später eintreffen und du wieder nüchtern bist.

Dann gibt es Dinge, die perfekt sein müssen, damit du überlebst. Du hättest gern, dass Aufzüge perfekt arbeiten, damit du nicht in den Tod stürzt. Du hättest gern, dass die Flugsicherung perfekt arbeitet, damit dein Flugzeug in der Luft bleibt. Du hättest gern, dass deine Mandeloperation perfekt läuft, damit nicht Reste deiner Mandeln in deinem Hals vor sich hin faulen. (Vertrau mir. Du willst nicht die Hölle einer Tonsillektomie als Erwachsener erleben, nur um dir anzuhören: «Nah dran ist gut genug.»)

Schließlich und endlich gibt es noch die Dinge, die nicht per se lebensgefährlich sind, aber doch wesentlich für dein Wohlbefinden. Das sind die Dinge, die perfekt sein sollten, denn wenn sie das nicht sind, dann wird dein Leben ein bisschen schlechter sein.

Liste der Dinge, die perfekt sein sollten (unvollständig)

- Deine morgendliche Tasse Kaffee. Wenn mit deinem Getränk etwas nicht stimmt, ist der ganze Morgen ruiniert, und du kannst genauso gut auch wieder ins Bett gehen und bis morgen schlafen.

- Die Reife einer Avocado, die du aufschneidest. Wenn du nur einen Hauch zu früh oder, noch schlimmer, einen Tag zu spät dran bist, werden die Enttäuschung und das Bedauern riesig sein.
- Die Beschaffenheit deiner Matratze. Ohne gute Nachtruhe wird der Tag nicht gut. Deine Fenster mögen blitzblank sein, deine Oberflächen glänzen, aber wenn deine Matratze durchgelegen, zu weich oder zu hart ist, kannst du ebenso gut auch in einem Verschlag hausen.
- Die Beschaffenheit deines Kissens. Siehe oben.
- Eine Entschuldigung von der Person, die dir unrecht getan hat. Die einzige akzeptable Entschuldigung ist eine perfekte Entschuldigung: eine, bei der sie «Tut mir leid» sagt, Verantwortung übernimmt, nicht das Wort «aber» verwendet und dir eine Riesenschachtel Pralinen als Beweis ihrer Reue schenkt.
- Ein überraschendes Wiedersehen mit der Familie nach einer langen Zeit der Trennung. Ich schaue mir auf Instagram viele Wiedersehensvideos an, die einem bestimmten Ablauf folgen: Eine Person zieht sich zurück, dann gibt es eine große Beichte, der eine zitternde Umarmung folgt, und am Schluss stehen Tränen der Betroffenheit und Freude. Wenn so ein Wiedersehen

perfekt klappt, ist es herzerwärmend. Wenn nicht – na, ich denke, das werde ich nie erfahren, denn so etwas schafft es gar nicht erst auf Instagram.

- Das Finale eines fintenreichen zwölfteiligen Netflix-Thrillers, der dich völlig gefangen genommen hat. Wenn du einige Stunden deiner kostbaren Freizeit auf eine Miniserie verwendet hast, während du doch vorhersehbar glücklich machende Wiederholungen von *Sex and the City* hättest anschauen können, dann brauchst und verdienst du ein Finale, in dem alle losen Enden verknüpft werden, es eine neue aufregende Enthüllung gibt, eine längst aus den Augen verlorene Figur zurückkehrt und die beiden Charaktere, zwischen denen sich eine bisher ungelöste sexuelle Spannung aufgebaut hat, endlich im Bett landen.
- Die Passform deines BHs. Man kann sich einfach nicht normal verhalten, wenn der BH zu eng ist oder die Brüste bis auf den Nabel herunterhängen oder die Nippel in verschiedene Richtungen zeigen.
- Das Erzählen eines Witzes. Ein Rabbi, ein Priester und ein Rüsselkäfer treffen sich in einer Speisekammer ... nein, warte. Falsch, lass mich noch mal anfangen. Ein Rabbi, ein Priester und eine Lebensmittelmotte treffen auf einen Rüssel-

käfer ... Nein, das stimmt nicht ... äh ... Ein Rabbi und eine Lebensmittelmotte beten zu einem Rüsselkäfer ... Nein? Vergiss es. Ist sowieso ein blöder Witz. Und ich denke, ich habe meinen Standpunkt deutlich gemacht.

- Das Verhältnis von Aufstrich zu Butter auf deinem Toast. Es ist natürlich zwei zu eins zugunsten des Aufstrichs. Das ist nicht verhandelbar, und ich werde keine Leserpost dazu beantworten.

- Ein erster Kuss. Es gibt nichts Aufregenderes als einen perfekten ersten Kuss, und es gibt nichts Ernüchternderes als einen miesen ersten Kuss.

- Die Entscheidung, an welcher Supermarktkasse du dich anstellst. Wähle klug, und du wirst schnell dran sein. Wähle schlecht, und du wirst den Rest des Tages vor Wut vor dich hin köcheln.

- Das Ende des Buches, das du gerade so gern liest. Siehe den Punkt unter Finale des fintenreichen zwölfteiligen Netflix-Thrillers.

- Die Kohlensäure in deiner Cola. Die perfekte Cola ist eine der einfachen Freuden des Lebens. Zu wenig Kohlensäure ist zutiefst unbefriedigend; zu viel verursacht ein fieses Brennen im Hals.

- Die Gespräche, die du im Geiste führst. Wenn du einen Streit mit jemandem in deinem eigenen Kopf nicht gewinnen kannst, dann musst du die

Hoffnung fahren lassen, es im echten Leben zu tun, und solltest den Kontakt zu anderen Menschen einstellen.

Liste der Dinge, die definitiv nicht perfekt sein müssen (unvollständig)

- Dein Körper.
- Deine Beziehungen.
- Du als Mutter oder Vater.
- Dein Zuhause.

Ausschlussklausel

Die Rechtsabteilung des Verlags hat mich von Folgendem in Kenntnis gesetzt: Meine Behauptung, dass ein Haus niemals fleckenlos rein und aufgeräumt sein muss, ist so pauschal formuliert nicht zulässig, und ich bin rechtlich dazu verpflichtet, die Umstände zu nennen, unter denen Perfektion sehr wohl erforderlich ist.

Um dem also nachzukommen, habe ich im Folgenden eine vollständige Liste all jener Gelegenheiten angefügt, zu denen dein eigenes Zuhause wirklich perfekt aussehen muss:

- Es steht ein Shooting für *Schöner Wohnen* an.
- Du hast einen ziemlich blutigen Mord in deinen eigenen vier Wänden verübt und musst alle Spuren beseitigen, bevor die Polizei kommt.
- Du bist ein Teenager und hast spontan siebenhundert deiner Facebook-Freunde zu dir nach

Hause eingeladen, als deine Eltern verreist waren, und jetzt musst du alle Spuren dieser Party beseitigen, bevor deine Eltern heimkommen.

- In deinem Haus findet eine königliche Hochzeit statt.
- Du hast ein Buch mit dem Titel *Mein perfektes Heim* geschrieben und wirst von einem missgünstigen Journalisten interviewt, der entschlossen ist, dich als Betrügerin bloßzustellen.
- Du drehst zu Hause einen Werbespot für ein neues Wunderreinigungsmittel.
- Du gehörst zu den Kandidaten und Kandidatinnen einer Fernsehshow namens *Das sauberste Haus der Welt*, und die Siegesprämie beträgt eine Million Dollar.
- Du bist allergisch auf Unordnung und reagierst mit einem anaphylaktischen Schock.

Anmerkung des Lektorats: Der Verlag verurteilt illegale Versammlungen auf das Schärfste und rät jungen Leuten eindringlich davon ab, auf Facebook Einladungen zu posten.

**Sturm im ungespülten Wasserglas:
Niemanden interessiert deine
Unordnung**

Ein Tauziehen

Der Druck, dein Haus oder deine Wohnung sauber zu halten, ist allgegenwärtig. Von den Putzinfluencern über die Entrümpelungsgurus bis hin zu den Einrichtungssendungen im Fernsehen trichtern uns zahllose Stimmen ein, dass wir unsere Fenster putzen, unsere Kissen aufschütteln und ein dreistöckiges Haus aus upgecycelten Schiffscontainern auf einer windumtosten Klippe in Schottland errichten müssen.

Mehr noch: Alle möglichen kulturellen Kräfte setzen uns ständig zu, nach Vollkommenheit zu streben. Man sagt uns, dass wir uns der Herausforderung stellen, uns richtig anstrengen und hundertzehn Prozent geben sollen! Es bei «gut genug» zu belassen ist ein verstörendes und seltsames Gefühl, so als würde man ein Ufo sehen oder hätte das Handy zu Hause vergessen oder wäre ohne BH einkaufen gegangen. (Letzteres ist buchstäblich mein schlimmster Albtraum. Ich winde mich allein schon beim Schreiben.)

Wie kann man also diesen kulturellen Erwartungshaltungen die Stirn bieten und aufhören, nach dem porentief reinen Zuhause zu streben? Was wird passieren, wenn du deine Ansprüche an die Hausarbeit nur ein bisschen herunterschraubst?

Nun ja, sobald du aufhörst, wie besessen zu putzen, beginnt die Spirale abwärts ins völlige Chaos. Wenn du auch nur einmal nicht die Bettwäsche bügelst oder die Fußleisten abstaubst, werden deine Familie und Freunde nicht mehr mit dir reden. Wenn du dich hartnäckig weigerst, das Parkett zu wienern, bis es glänzt, wird dich binnen Tagen dein Partner oder deine Partnerin für jemanden verlassen, der reinlicher ist. Wenn du auf morgen verschiebst, was du heute könntest besorgen, werden sich deine Kinder vielleicht nie von diesem Trauma erholen.

Ups! Du meine Güte, Entschuldigung! Meine Finger sind auf der Tastatur abgerutscht! Das ist natürlich, was *nicht* passieren wird. Vielmehr wird das hier eintreten, wenn du anfängst, die Zügel schleifen zu lassen:

Nichts. Rein. Gar. Nichts.

Deine Welt wird nicht zusammenbrechen, wenn das Spielzeug und die Schmutzwäsche auf dem Boden liegen. Deine Familie und Freunde werden es nicht bemerken, wenn du nicht gestaubsaugt hast, und wenn es ihnen doch auffällt, wird es sie nicht interessieren. Dein Partner oder deine Partnerin wird wegen ein bisschen Unordnung keinen Stress machen, und wenn doch, kann er oder sie sich ja selbst darum kümmern. Und du wirst deine Kinder auf hundert verschiedene Arten traumatisieren, aber schmutziges Geschirr im Spülbecken stehen zu lassen, wird nicht dazugehören.

Stell dir deine Hausarbeit wie Tauziehen vor. An dem einen Ende stehst du mit deinem Besen und Mopp und Essig; am anderen Ende befinden sich dein Haushalt und all der Schmutz und Abfall, den er produziert. Du kannst weitermachen mit dem Gezerre, Tag für Tag, und nichts davon haben außer Muskelkater und endlose Frustration – oder du kannst dein Ende des Taus fallen lassen und aufhören, der Vollkommenheit nachzujagen. Du kannst dich dazu entscheiden, das Minimum an Putzarbeit zu leisten und ein gewisses Maß an Unordnung zu tolerieren, ja sogar zu begrüßen.

Ich habe vor langer Zeit mein Ende des Seils fallen lassen, und es hat meinem Leben einfach gutgetan. Ich habe drei entzückende Kinder und eine Katze, die sich einigermaßen benehmen kann. Ich habe ein Netzwerk aus wunderbaren Freunden, die mir sehr wohlgesonnen sind und nur gelegentlich fragen, warum all meine Schranktüren offen stehen. Und ich habe eine aufregende neue Karriere als aufstrebende Homemanagement-Influencerin, die niemals möglich gewesen wäre, wenn ich vom Putzen besessen wäre.

Was nie jemand gesagt hat

Wenn du dich dabei ertappst, dass du panisch wirst, weil dein Haus nicht klinisch sauber ist, dann denk daran, dass in der uns bekannten Menschheitsgeschichte nie jemand gesagt hat:

- «Als neunzigjährige Frau, die auf ihr Leben zurückblickt, bereue ich nur, dass ich nicht öfter die Lampen abgestaubt habe.»
- «Paul hat mich nach zweiunddreißig glücklichen Ehejahren verlassen, weil ich es nicht geschafft habe, die Fettflecken vom Spritzschutz in der Küche zu entfernen.»
- «Ich wünschte, ich hätte mehr schöne Momente mit meinem Dampfreiniger verbracht, als die Kinder klein waren.»
- «Ich habe mich in Louise verliebt, als ich ihre blitzblanke Duschwand sah.»
- «Mum, ich will nicht mehr zu Lily spielen gehen. Sie ist nett, und wir haben viel Spaß, aber bei ihr zu Hause sind Fingerabdrücke an der Wand.»
- «Heute versammeln wir uns, um Robert Schmidts zu gedenken, eines guten Mannes, den

die Kalkablagerungen in seinem Klo umgebracht haben.»

- «Das Abendessen wäre wunderbar geworden, aber da war ein kleiner blauer Fleck auf der Tischdecke, und so konnten Richard und ich es nicht wirklich genießen.»
- «Ich habe heute Nacht kein Auge zugetan. Sicher war die ungebügelte Bettwäsche daran schuld.»
- «Mein Sohn ist bei der Abschlussprüfung durchgefallen, weil ich die Saftflecken nicht aus dem Teppich bekommen habe.»
- «Meine größte Lebensleistung besteht darin, dass ich fünfunddreißig Jahre lang meine Mikrowelle makellos sauber gehalten habe.»
- «An meiner Mum liebe ich am meisten, dass sie jeden Tag unsere Dunstabzugshaube putzt und regelmäßig unsere Waschmaschine mit Essig ausspült.»
- «Hast du Doris heute Morgen gesehen? Man sieht es ihrer Kleidung an, dass sie ihren Schrank immer noch nicht entrümpelt hat.»
- «Ms. Jones war definitiv am qualifiziertesten für den Job, aber ich habe an ihrem Blusenärmel eine winzige Falte nahe der Schulter bemerkt, deshalb habe ich dann doch der anderen Kandidatin zugesagt.»
- «Ich habe daran gedacht, Martha zu verlassen,

aber niemand entfernt so gekonnt Essensreste aus einer Auflaufform wie sie.»

- «Und der Friedensnobelpreis geht dieses Jahr an Jenny Schmitz, weil sie so sauber verfugen kann.»
- «Ich habe mich persönlich beleidigt gefühlt, als ich bei Laura war und feststellen musste, dass ihre Bücher nicht nach Farben sortiert sind.»
- «Das Brathähnchen war köstlich – welche Mittel hast du benutzt, um den Backofen zu reinigen?»
- «Der Boden war so sauber, dass wir davon gegessen haben.»

Entschuldige bitte die Unordnung (nicht)

Solltest du je versucht sein, dich für den Zustand deines Heims zu entschuldigen, denk daran: Deine Besucher kümmert dein häusliches Chaos nicht!

Vielleicht registrieren und kommentieren es manche von ihnen, wenn dein Zuhause auffällig sauber ist. Es gibt Menschen, die das zu schätzen wissen, genau wie ich herrlichen Schaum auf dem Cappuccino schätze oder Rapsongs, die «heavy» auf «Spaghetti» reimen.

«Was für ein wunderbar minimalistischer Farbcode», seufzen deine Gäste womöglich, oder: «Sieh dir nur den Glanz der Böden an!»

Und all das bestätigt dich auch sehr, doch Bewunderung für deine Böden lässt sich nicht in Zuneigung zu dir oder Freude an deiner Gesellschaft übertragen. Deine Gäste interessieren sich genauso wenig für deine makellosen Fußleisten wie für die Teller in deinem Spülbecken oder die Schmutzwäsche in deinem Flur.

Aber wofür interessieren sie sich dann? Nun, ich habe schon viele unordentliche Häuser gesehen, und es ist mir ziemlich egal, ob der Spritzschutz sauber ist oder nicht. Nicht egal ist mir, ob ich mich dort willkommen fühle und man mich freudig an der Tür empfängt. Nicht egal ist mir, ob man mich zu einem Schwätzchen ins Haus bittet und mir eine Tasse Kaffee anbietet. Nicht egal ist mir, ob die Person interessanten Klatsch zu erzählen und Schokoladenkekse auf Lager hat.

Keiner von uns muss Gäste mit den Worten begrüßen: «Bitte entschuldige die Unordnung.» Und ich spreche aus Erfahrung: Ich habe mich früher bei jedem, der geklingelt hat, für mein häusliches Chaos entschuldigt. Ich habe mich entschuldigt, wenn gut genug aufgeräumt war, und ich habe mich bei Freunden entschuldigt, denen es vollkommen wurscht war. Ich habe mich bei einem Handwerker entschuldigt, der die Feuermelder überprüft hat, und bei einem ziemlich verwirrten Boten, der meine Einkäufe in die Küche gebracht hat.

Nie wieder!

Fünf Gründe, dich nicht für deine Unordnung zu entschuldigen

1. Unordnung ist nichts, wofür man sich schämen oder weshalb man peinlich berührt sein müsste. Sie ist ein vollkommen natürlicher Teil des Lebens wie die Schwerkraft zum Beispiel, Gelüste nach Pommes frites, betrunken Kurznachrichten zu verschicken oder Nasenhaare.

2. Unordnung bringt deine Gäste weder in Verlegenheit, noch beeinflusst sie sie spürbar. Du bittest sie ja nicht, deine Wäsche zu waschen oder ihren Tee aus der schmutzigen Tasse im Spülbecken zu trinken. Deine Unordnung hat rein gar nichts mit deinen Gästen zu tun, es sei denn, du hättest sie eingeladen, um bei dir zu putzen. In diesem Fall hör auf zu quatschen und bring ihnen einen Besen.

3. Deine Unordnung wird deine Gäste nicht in emotionale Nöte stürzen; im Gegenteil, sie werden wahrscheinlich erleichtert sein. Es bestärkt sie darin, dass sie nicht die Einzigen mit einer unaufgeräumten Küche oder einem Stapel Einkaufstaschen neben der Wohnungstür sind.

4. «Tut mir leid, dass es so unordentlich ist!», ist eigentlich gar keine Entschuldigung. Wenn du das sagst, bittest du nicht wirklich um Entschuldigung – du sendest eine Ich-Botschaft. Du sagst in Wahrheit: «Ich weiß, dass es hier im Moment nicht so ordentlich ist, wie es sein sollte. Dieser Zustand spiegelt

eine vorübergehende Unregelmäßigkeit wider und zeugt nicht etwa davon, dass ich nicht wüsste, wie der Idealzustand aussehen müsste. Bei deinem nächsten Besuch wird es hier perfekt aussehen. Ich bin nämlich normalerweise sehr ordentlich!»

5. Nun, das mag zutreffen oder nicht, und deine Gäste mögen dir glauben oder nicht. In jedem Fall wird es sie nicht kümmern, also spar dir deine Energie dafür auf, ihnen etwas Süßes zu holen.

6. Wenn du dich für die Unordnung entschuldigst, lenkt das die Aufmerksamkeit deiner Gäste erst darauf. Es ist also viel besser, deine Besucher von der Umgebung abzulenken. Erzähl einen Witz. Dreh eine Pirouette. Zieh ein weißes Häschen aus deinem Ohr. Mach Feuer in deiner Küche. Fuchtle mit einer Packung Schokokekse vor ihrem Gesicht herum. Dank der richtigen Ablenkung werden deine Gäste die Unordnung nicht einmal bemerken.

Anmerkung des Lektorats: Der Verlag rät entschieden davon ab, Feuer in der Küche zu machen.

Du solltest dich nie dafür entschuldigen, ein Mensch zu sein, der ein Zuhause bewohnt, in dem wirklich gelebt wird. Gleichwohl ist eine Entschuldigung hin und wieder angebracht, und zwar unter den folgenden Umständen.

Elf Gründe, dich bei deinen Gästen zu entschuldigen

1. Du hast keinen Kaffee im Haus.
2. Du hast keine Schokokekse im Haus.
3. Im Klo ist kein Toilettenpapier. (Ich habe einmal einen Freund besucht und das fehlende Klopapier ein wenig zu spät bemerkt. Es hat mich in eine fürchterliche Zwickmühle gebracht, und ich kann dir nur dringend raten, dafür zu sorgen, dass dein Badezimmer immer bestens ausgestattet ist.)
4. Es riecht nach Lammbraten, ist zehn Uhr morgens, und dein Gast ist Veganer.
5. Dein tollwütiger Hund fällt den Gast an.
6. Dein wohlerzogener Hund frisst die Handtasche deines Gastes. (Das ist mir passiert, als ich bei einer Freundin zum Abendessen eingeladen war. Ich will nicht sagen, dass ich den Hund jetzt gar nicht mehr mag, aber meine Zuneigung hat sich doch merklich abgekühlt.)
7. Ein Bild fällt von der Wand und schlägt deinen Gast bewusstlos.
8. Du bittest deinen Gast herein, und (Überraschung!) sein oder ihr Ex-Lover sitzt Kaffee trinkend in deinem Wohnzimmer.
9. Du öffnest versehentlich einem Besucher die Tür, während eine deiner Brüste aus der Bluse hängt. (Das ist mir einmal passiert, als ich gerade mein erstes Kind stillte. Der Postbote sah einigermaßen verunsichert aus.)

10. Du servierst deinem Besuch ein nicht ganz durch-
    gegartes Hühnchen und setzt ihn unwissentlich der
    Gefahr einer Salmonellenvergiftung aus. (Was soll
    ich sagen? Ich bin eine aufstrebende Homemanage-
    ment-Influencerin, keine Sterneköchin.)

11. Du lädst eine attraktive Person zu einem romanti-
    schen Abend ein, und es stellt sich heraus, dass er
    oder sie erschreckend allergisch auf deine Katze
    reagiert. (Mag es mir nun passiert sein oder nicht,
    es war jedenfalls definitiv nicht romantisch.)

Aber entschuldige dich nie für deine Unordnung. Versuch es stattdessen mit: «Hallo! Wie schön, dich zu
sehen. Komm rein, setz dich. Wie viele Schokokekse
möchtest du?»

Wahrscheinliche Konsequenzen deiner Unordnung

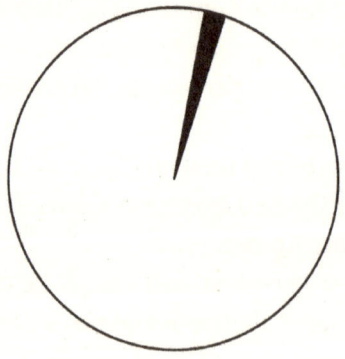

☐ REIN GAR NICHTS
■ EIN KATASTROPHISCHES EREIGNIS

DREI
Ein Lichtstreif am Horizont: Der Lohn
der Unvollkommenheit

Die Tasse ist bereits schmutzig

Unordnung weckt bei einem ordentlichen Menschen ein tiefes Gefühl der Frustration. Dieser Mensch wischt und fegt und saugt und entstaubt, was das Zeug hält, und trotzdem ist das Haus binnen Stunden oder auch nur Minuten wieder das reinste Chaos. So jemand sehnt sich nach der Befriedigung eines perfekt geordneten Haushalts, wird aber fortwährend in seinen Bemühungen von anderen Menschen sabotiert.

Ordentliche Menschen glauben, dass ihr Leben leichter wäre, wenn ihr Zuhause nur nicht ständig wieder schmutzig werden würde. Präziser ausgedrückt: Ordentliche Menschen glauben, dass ihr Leben leichter wäre, wenn nur «Adam mit den dreckigen Schuhen» und «Sarah, der ein nasses Handtuch nicht einmal auffallen würde, wenn es ihr ins Gesicht springt» und «Leo mit seinen blöden mitternächtlichen Fressattacken» einfach hinterher aufräumen würden.

Diese unablässige Frustration und Wut sind nicht gut für ihre Gesundheit. Ordentliche Menschen erleben Stress und Anspannung, seufzen tief, treten gegen Wäschekörbe und stellen verzweifelte Fragen wie: «Warum liegt da überall Sand auf meinem sauberen Boden?» und «Wer hat die Milch verschüttet?» und «Was sind das für Krümel überall in der Küche?».

Aber wie reagieren ordentliche Menschen auf den Quälgeist Unordnung? Was tun sie, wenn ihre Putzbemühungen so brutal entweiht werden?

Sie putzen noch einmal.

Ja, anstatt einzusehen, dass Putzen nur im Herzinfarkt enden kann, packen sie ihre Eimer und Wischer und machen sich wieder an die Arbeit und räumen Adam und Sarah und Leo mit Verbitterung im Herzen und einer Schürze um die Hüften hinterher.

Tragischerweise haben diese ordentlichen Menschen etwas komplett falsch verstanden. Sie haben das Soll erfüllt (oder es zumindest sauber geschrubbt), aber das Ziel verfehlt. Es ist nämlich nicht die Unordnung, die ordentliche Menschen in den Wahnsinn treibt. Was sie wahnsinnig macht, ist das Putzen! Indem du den Kampf beendest und aufhörst, wie wild aufzuräumen, weist du auch die unaufhörlich wachsende Unordnung in ihre Schranken.

Wirst du grantig, wenn dein Partner oder deine Partnerin mit schmutzigen Stiefeln durchs Haus latscht, nachdem du eben erst den Boden gewischt hast? Wisch den Boden nicht noch einmal, und das Problem ist gelöst!

Kochst du vor Wut, wenn du Flecken und Krümel in deiner aufgeräumten Küche entdeckst? Räum die Küche nicht auf, und du wirst die Flecken und Krümel gar nicht mehr bemerken!

Du hängst ständig Handtücher auf, die achtlos auf den Boden geworfen wurden? Lass sie dort, wo du sie findest, und deine geistige Unversehrtheit ist gerettet!

Der buddhistische Mönch und Lehrer Ajahn Chah hat einmal geschrieben: «Für mich ist diese Tasse bereits schmutzig. Weil ich ihr Schicksal kenne, kann ich sie hier und jetzt voll und ganz genießen.» Dies ist seine Lektion: Wenn du akzeptierst, dass deine Tasse am Ende schmutzig wird, kannst du aufhören, dir darüber Gedanken zu machen, ob sie vollkommen sauber ist, und dir deinen Tee schmecken lassen. Wenn du begreifst, dass dein Zuhause bald im Chaos versinken wird, kannst du aufhören, dagegen zu kämpfen, und dich aufs Ohr hauen.

> **Anmerkung des Lektorats:** In Wahrheit hat Ajahn Chah «Für mich ist diese Tasse bereits zerbrochen» gesagt. Wir entschuldigen uns bei unserer Leserschaft für diese Verfälschung eines heiligen Textes.

Ein biologischer Zweck

Es gibt viele hervorragende Gründe, Freude am Chaos zu entwickeln, ob du nun Kinder hast oder nicht. Aber wenn du *tatsächlich* Kinder hast, ist es eine absurde Vorstellung, es nicht zu tun.

Zunächst einmal hast du in dieser Sache kaum eine Wahl. Von dem Augenblick an, in dem dein Kind zur Welt kommt, bist du umgeben von Chaos. Kinder produzieren Chaos, wie die Sonne Hitze oder Influencer inspirierende Memes produzieren. Du kannst die nächsten achtzehn bis zwanzig Jahre mit dem Versuch verbringen, das Chaos zu bändigen, oder du kannst dich entspannen und es einfach laufen lassen.

Und was noch wichtiger ist: Unordnung hilft deinen Kindern auf ihrem Weg, selbst verwirklichte Erwachsene zu werden. Doch in unserer modernen Gesellschaft herrscht der schreckliche Irrglaube, dass die Bezugspersonen den Kindern beibringen müssen, ordentlich zu sein und aufzuräumen. Das ist ein Mythos, hervorgebracht von Putzblogs, Elternforen und «Supernannys», die sich mit den Herstellern von Ausziehbetten und «Schranklösungen für Teenager» zusammengetan haben.

Aber Kinder müssen nicht penibel sauber sein, außer wenn sie ihre reinlichkeitsfanatischen Eltern versöhnlich stimmen wollen. Kinder brauchen Unordnung, wie Erwachsene Kaffee, Aspirin und Wein brauchen; sie spornt sie zu Höchstleistungen an und bewahrt sie vor depressiven Verstimmungen. Unordnung ist in der DNA des Kindes angelegt, ebenso wie in seiner grottigen kleinen Seele. Kinder sind genetisch darauf programmiert, ihre Umgebung in Schutt und Asche zu legen, und müssen diesen biologischen Zweck erfüllen, um zu wachsen und sich zu entwickeln.

Babys

Babys sind die Manifestation des Chaos in Reinkultur. Du gibst am einen Ende Essen hinein, und am anderen Ende kommt eine Schweinerei wieder heraus. Aber das ist noch nicht alles! Das vordere Ende produziert Sabber, Tränen und Kotze, und so gibt es eine Sauerei, egal, in welche Richtung man schaut. Buchstäblich alles, was Babys tun, ist, Chaos anzurichten und sich gelegentlich ein zahnloses Lächeln abzuringen. Dies ist mehrere Monate lang ihre einzige Aufgabe, bis sie ihr Verhaltensrepertoire ausbauen, etwa indem sie lernen, ihre Hände irgendwo zu platzieren, und versuchen, an ihren eigenen Zehen zu nuckeln.

Kleinkinder

Wenn aus Babys Kleinkinder werden, erreichen sie einen wichtigen Meilenstein in ihrer Entwicklung: Sie erlangen die Fähigkeit, Unordnung mittels externer Hilfen wie auch ihres eigenen Körpers hervorzubringen. Kleinkinder lernen ihre Umgebung kennen, indem sie alles, was nicht niet- und nagelfest ist, betatschen, zerkratzen, beschmieren oder ansabbern. Diese Erforschung der physischen Welt sollte keinesfalls unterbunden werden. Wenn ein Kleinkind keine flüssige Seife auf den Teppich kippen oder nicht mit dem Fleischklopfer ein Loch in deine Wand schlagen oder das Baby mit Aufstrich verzieren darf, woher soll es dann wissen, was es bedeutet, ein Mensch zu sein?

Ältere Kinder

Kinder zwischen fünf und zwölf Jahren gönnen ihren Bezugspersonen eine vorübergehende Verschnaufpause von einem schier endlosen Tsunami der Unordnung. Doch nicht, weil sie plötzlich vernünftig geworden wären oder einen Sinn für die Ästhetik einer aufgeräumten Umgebung entwickelt hätten – nein, sie befinden sich jetzt vielmehr in einem Alter, in dem Kinder Bildschirme für sich entdecken. Natürlich werden sie mit ihrem Fußball Dinge zu Bruch gehen lassen, Legosteine großflächig auf dem Boden verstreuen und Nagellack und/oder Spielschleim auf deinen Hochflorteppich tropfen. Und doch werden selige Stunden voller Ruhe kommen, in denen sie TikTok-Tänze üben, Superheldenfilme im Akkord gucken und zusehen, wie YouTuber seltsame Dinge mit Essen anstellen.

Teenager

Wenn ein Kind sich in einen Teenager verwandelt, heißt es das Chaos als Lebensstil und Religion in seinem Leben willkommen. Müll wird vage in Richtung Abfalleimer geworfen. Schränke werden gegen Boden und Stühle ausgetauscht. Badezimmer platzen aus allen Nähten vor Flaschen mit mysteriösen Flüssigkeiten, Spraydosen und gebrauchten Wattepads. Schlafzimmer werden mit Essensresten, zerknüllten Taschentüchern, eingetrockneter Mascara und vor sich hin modernden Rucksäcken zum Horrorkabinett umfunktioniert. Unordnung ist für Teenager eine Art, sich auszudrücken und ihre ordnungsbesessenen Eltern zur Weißglut zu treiben. Unordnung lehrt Teenager, wie sie sich als Individuen von ihren Familien emanzipieren können und wie man ein sauberes T-Shirt unter einem Berg Schmutzwäsche aufspürt.

Warte, ich telefoniere gerade ...

Mit anderen Menschen zusammenzuleben kann einen auf die Palme bringen, selbst wenn man keinen Sauberkeitsfimmel hat. Sicher, es ist zu begrüßen, wenn bei Familienessen plötzlich und überraschend alle bester Stimmung sind. Und ja, es ist schön, wenn man jemanden nachts zum Ankuscheln hat, sofern dieser Jemand einem nicht die Decke wegzieht oder schnarcht.

Aber die Menschen, mit denen man zusammenlebt, können auch anstrengend und selbstsüchtig und gedankenlos und nervig und zum Verzweifeln und unausstehlich und laut sein. Sie beharren darauf, dass du dir ihr Blockflötengedudel im Wohnzimmer anhörst, während du doch eigentlich nur dein Buch lesen willst. Sie essen die Spaghettireste zum Frühstück, die du dir mit wässrigem Mund fürs Mittagessen aufgehoben hast. Sie vertrödeln eine Stunde im Badezimmer, um ihren Lidstrich zu perfektionieren, obwohl du nur kurz duschen und ins Bett willst.

Es ist schwer, mit anderen Menschen zusammenzuleben und nicht einen Großteil deiner Zeit in einem Zustand der mühsam beherrschten Verärgerung zu verbringen. Ich vergöttere meine Kinder, aber die meisten Tage sind eine Aneinanderreihung von kleinlichen Irritationen, hin und wieder unterbrochen von Momenten tiefer Liebe und Freude.

Wir alle müssen mit den täglichen Freuden und Herausforderungen zurechtkommen, die mit den verschiedenen Persönlichkeiten in unserer Familie zusammenhängen: ihrer Launenhaftigkeit, ihrem lauten Schmatzen, ihren Beschwerden, dass es «in diesem Haus schon wieder nichts zu essen» gebe, ihrer merkwürdigen Neigung, auf dem Boden herumzuliegen, sodass du über sie steigen musst, wenn du in die Küche willst. (Ich nehme an, dass das alle Kinder machen? Wenn nicht, dann nein, meine Kinder machen das auch nicht.) Es gibt genug Konfliktpotenzial, mit dem man sich Tag für Tag auseinandersetzen muss, ohne auch noch Unordnung dieser langen Liste hinzuzufügen.

Wenn du es aber doch tust, wird es natürlich Ärger geben, vor allem mit den Kindern. Kinder zum Aufräumen zu bewegen, wenn sie nicht aufräumen wollen, lässt sich sehr gut mit Schafehüten vergleichen. Sie werden viel blöken und regelmäßig innehalten, um in den Himmel zu gucken, und du wirst die ganze Zeit über hinterher sein müssen, dass sie ihre Arbeit erledigen.

Mehr noch: Kinder sind extrem geschickt darin, die Bitte, doch endlich aufzuräumen, abzuwehren. Wenn du sie dazu aufforderst, bekommst du eine Antwort aus einem ganzen Antwortenarsenal, das ich in der folgenden hilfreichen Tabelle aufgelistet habe.

Bitte der Eltern	Antwort der Kinder
Warum ist die Mikrowelle voller Spielschleim?	Keine Ahnung.
Was ist das da auf dem Teppich?	Nichts.
Warum ist der Spiegel voller Zahnpasta?	Ist mir gar nicht aufgefallen.
Warum liegen da schmutzige Taschentücher *genau neben* dem Mülleimer?	Ich hab nicht getroffen.

Kannst du bitte meinen Eyeliner wieder in die Schublade legen?	Gleich, ich spiele noch zu Ende.
Kannst du bitte den Aufstrich in den Kühlschrank stellen?	Gleich, ich gucke noch kurz meine Lieblingsserie zu Ende.
Kannst du bitte deine Handtücher aufhängen?	Gleich, ich bin gerade am Telefon.
Kannst du bitte deine Schuhe ins Regal stellen?	Gleich, ich mache gerade Hausaufgaben.[1]
Kannst du bitte die Geschirrspülmaschine ausräumen?	Ich bin nicht dran.[2]
Kannst du bitte den Tisch abräumen?	Warum ich?
Kannst du bitte das Müsli in den Vorratsschrank zurückräumen?	Aber Jack hat es geholt![3]

1 Alles Lüge, sie ist gerade am Telefon.
2 Alles Lüge, sie ist sehr wohl dran.
3 Stimmt, das hat er, aber auch sie hat Müsli gegessen.

Zum Glück ist es viel leichter, einen Erwachsenen dazu zu bringen, seinen Beitrag an der Hausarbeit zu leisten, als ein Kind.

Ups, tut mir leid! Autokorrekturfehler! Verdammter Computer. Ich wollte schreiben: «noch schwerer». Um die Schwierigkeit zu veranschaulichen, Erwachsene zur Mithilfe zu bewegen, sieh dir bitte die zweite hilfreiche Tabelle an.

Bitte des ordentlichen Erwachsenen	Antwort des unordentlichen Erwachsenen
Kannst du bitte das Bad putzen?	Ja, später.
Ernsthaft, kannst du bitte das Bad putzen?	Ich hab doch gesagt: später!
Wann putzt du nun endlich das Bad?	Bitte geh mir nicht auf die Nerven.
Wirst du jemals das Bad putzen?	Mein Gott, kannst du mal aufhören, mich zu nerven?
Um Himmels willen, kannst du jetzt endlich das verdammte Bad putzen?	Nö, ich hab's mir angeschaut, ist doch alles sauber.

Wenn du aufhörst, das Regiment der Ordnung und Sauberkeit über dein Zuhause zu verhängen, kannst du die Konflikte in deinem Haushalt um den Faktor Hunderttausend reduzieren. (Diese Zahl ist nicht wörtlich zu nehmen, ich habe sie mir nur ausgedacht, um meinen Standpunkt klarzumachen.)

Dass wir die Magie der Unordnung in unser Leben gelassen haben, hat mir und meiner Familie eine Riesenmenge Stress erspart. Sicher, ich bestehe auf Grundstandards – meine Kinder müssen auf eine gewisse Hygiene achten und dürfen Spielschleim nicht an Orten hinterlassen, wo er in mein Haar gelangen kann. Aber abgesehen davon lasse ich die Dinge im Allgemeinen schleifen. Es gilt viel drängendere Themen mit meinen Kindern zu erörtern, etwa die Bildschirmzeit, ob der Kapitalismus eine zerstörerische Kraft ist und der diesjährige Gewinner von *The Voice Kids* wirklich am besten von allen gesungen hat.

Ich streite auch *niemals* mit meinem Partner über die Unordnung. Dazu muss man wissen, dass ich gar keinen Partner habe, daher ist das meine leichteste Übung.

Wir alle müssen uns entscheiden, welchen Kampf wir aufnehmen und in welchen Schlachten wir draufgehen wollen. Es gibt so viele Dinge, über die wir uns mit unserer Familie streiten können. Sind eine unaufgeräumte Küche oder schmutzige Schuhe auf dem Boden wirklich den Aufstand wert, den wir darum machen?

Rotwein auf dem weißen Sofa

Als Gäste erfassen wir intuitiv, wenn unsere Gastgeber Reinlichkeitsfanatiker sind. Wir können es in der Luft spüren und an den Untersetzern unter unseren Gläsern sehen. Wir merken es, wenn sie uns vorsichtig unser Glas Rotwein reichen und nervös unsere Hände beäugen, die sich über einem makellos weißen Sofa treffen. (Das makellos weiße Sofa ist übrigens per se schon sehr verräterisch.) Wir ahnen es intuitiv, wenn sie rasch unsere Kuchenkrümel vom Tisch pflücken und uns unsere Kaffeetassen wegnehmen, noch bevor wir ausgetrunken haben.

Ihre Häuser sind schön anzuschauen, doch wir verkrampfen dort wie in einem Nobelrestaurant, in dem die Ober mit ihren schwarzen Krawatten sagen: «Sehr gute Wahl», wenn wir einen Teller Wildravioli mit einer Zitronengrasreduktion bestellen. Ich persönlich esse lieber in einem netten, ungezwungenen Lokal, in dem ich mit der Kellnerin lachen, einen Riesenteller Essen bestellen und meine Pommes frites mit der Hand essen kann, um mir am Schluss das Salz von den Fingern zu lecken. Ganz ähnlich ziehe ich es vor, mit Freunden auf einer Couch, umgeben von Chaos, Tee zu trinken, anstatt auf einem weißen Sofa an Weißwein zu nippen.

Natürlich ist ein Haus oder eine Wohnung nicht automatisch einladend, nur weil es dort nicht ordentlich ist.

Du kannst nicht einfach schmutzige Teller in der Gegend verteilen und deine Wäsche im Flur fallen lassen und erwarten, dass dir die Gäste die Bude einrennen. (Ich weiß es – ich habe es versucht. Absolut niemand ist aufgekreuzt.) Dennoch solltest du ein gewisses Maß an Unordnung ertragen können, wenn du eine einladende Umgebung für deinen Besuch schaffen willst.

Gleichwohl verurteile ich Menschen nicht, die supergepflegte Haushalte haben; es ist nicht ihre Schuld, dass sie so hoffnungslos ordentlich sind. Und ich besuche meine #homeInspo-Freunde immer noch gern, auch wenn ich es wahrscheinlich nicht riskieren würde, Rotwein bei ihnen zu trinken.

Aber ich möchte dir gern raten, dass du ein wenig Unordnung tolerieren lernst, wenn du möchtest, dass deine Freunde sich bei dir wohlfühlen. Hör auf, wie wild aufzuräumen, bevor deine Gäste eintreffen. Hör überhaupt auf, wie wild aufzuräumen! Entspann dich, und deine Gäste werden sich mit dir entspannen. Trink Rotwein auf einem weißen Sofa, und du wirst ihn allein trinken.

Es ist keine Unordnung, sondern Inspiration

Der Mythos, dass Unordnung ein Zeichen von Faulheit sei, ist weit verbreitet und potenziell rufschädigend.

Ich bin mir nicht ganz sicher, wen ich deswegen verklagen könnte, aber ich werde vor Gericht ziehen, sobald ich es herausgefunden habe. Ich bin unordentlich, aber keineswegs faul.

Unordnung ist kein Indikator für Faulheit, sondern untrennbar verknüpft mit Kreativität. Der Verfall des Heims einer kreativen Person stellt einen wichtigen Teil ihrer Entwicklung dar.

Dieses Buch existiert nur, weil ich unordentlich bin. Wäre ich ordentlich, hätte ich ein ganz anderes Buch geschrieben, zum Beispiel *Die Tristesse der Unordnung* oder *Wie man reinliche Freunde gewinnt* oder *Die Macht des positiven Moppens*, und es hätte niemanden interessiert.

Was noch wichtiger ist: Wenn ich nicht so unordentlich wäre, hätte ich der Kreativität, die mir das Schreiben überhaupt ermöglicht, die Tür vor der Nase zugeschlagen. Der kreative Prozess ist per definitionem unordentlich, denn kreatives Denken ist unordentliches Denken. Es ist das Gegenteil von logischem Denken, bei dem in einer linearen und rationalen Reihe eine Idee der anderen folgt. In der Welt der Logik ergibt eins und eins zwei. In der Welt der Kreativität kann eins und eins zwölf ergeben oder siebenundfünfzig oder einen Pinguin oder ein Haiku über einen Traum.

Und unordentliches Denken wird von einer unordentlichen Umgebung verstärkt. Wissenschaftliche Studien konnten belegen, dass eine unaufgeräumte

Umgebung die Kreativität befördert. Man hat mehr Ideen, wenn man sich in einem unordentlichen Raum befindet. Unordnung ist nicht nur gut für die Gesundheit: Unordnung ist gut für die Kunst.

Aber warum ermuntert das Chaos zu Kreativität? Unordnung ist ein Nebeneinander von Dingen, die nicht zusammengehören, etwa ein neonfarbener Luftballon in einem Badezimmer oder eine Unterhose auf einem Tisch oder eine kleine Plastikgiraffe im Spülbecken. (Ich bin jetzt gerade nicht kreativ, ich sehe mich nur in meinem Haus um.) Und dieses unerwartete Nebeneinander ermuntert uns dazu, ähnlich unerwartete Verknüpfungen zwischen Ideen herzustellen und aus dem rationalen Denken und vorhersagbaren Gedankengängen auszubrechen.

Unordnung ist buchstäblich reine Inspiration.

Wenn du deine Kreativität freisetzen willst, musst du den Wunsch nach Aufgeräumtheit loslassen. Ordnung und Sauberkeit fördern das Denken in (str)engen Schranken und lassen das Unerwartete und Überraschende nicht zu. Wie sollst du großartige Kunst hervorbringen, wenn du von straff gespannten Bettlaken bedrängt wirst? Wovon willst du dich inspirieren lassen, wenn da kein Durcheinander ist, auf das du blicken kannst? Wie kannst du deiner Kreativität freien Lauf lassen ohne die inspirierende Unstimmigkeit einer kleinen Plastikgiraffe in deiner Küche?

Um kreativ zu sein, musst du mehr in deinem Kopf

unterwegs sein und weniger in deinem Badezimmer mit einem Mopp. Du musst deine Energie auf den kreativen Prozess konzentrieren und die Wäsche und das Geschirr ihrem prosaischen, dumpfen Schicksal überlassen. Du musst die Wellen der Inspiration auf dem Meer deiner Fantasie reiten, ohne ans Ufer zurückzuschwimmen, weil du den Sand vom Boden fegen musst. Und du musst eine Metapher finden, die um einiges origineller ist als die, die du gerade gelesen hast.

Unordentliche Leute sind kreativ, und kreative Leute sind unordentlich, und die Unordnung des einen ist die Inspiration des anderen. Wenn du unordentlich bist, dann nimm zur Kenntnis: Du bist nicht faul, du hast keine niedrigen Standards, und du musst dich nicht ändern.

Du reitest die Wellen deiner Fantasie.

Anmerkung des Lektorats: Um das noch einmal klarzustellen – dieses Buch gibt es nicht, weil seine Autorin unordentlich ist. Dieses Buch existiert, weil einer falschen Autorin ein Vertrag angeboten wurde von einer jungen Lektorin, die nicht mehr bei uns angestellt ist. Außerdem wären wir durchaus interessiert an *Die Tristesse der Unordnung* und *Wie man reinliche Freunde gewinnt* und *Die Macht des positiven Moppens.*

Unordnung ist Entspannung

Einer der größten Vorzüge daran, die Unordnung in dein Leben zu lassen, wird sein, dass du ein gewisses Maß an Lässigkeit entwickelst. Wenn du lernst, an einem ungemachten Bett vorüberzugehen oder eine Schranktür in der Küche offen zu lassen oder das Abstauben um einen weiteren Tag zu verschieben, dann weißt du, wie man loslässt.

Extrem ordnungsliebende Menschen wenden viel Energie auf, um ihr Zuhause tipptopp in Ordnung zu halten. Sie suchen fortwährend ihre Umgebung danach ab, was geputzt und aufgeräumt werden könnte, selbst wenn sie sich eigentlich ausruhen sollten. Sie sehen sich vielleicht gerade die letzte Folge ihrer Lieblingsserie auf Netflix an oder telefonieren mit einer Freundin, aber der Anblick eines Krümels auf dem Boden oder einer Kaffeetasse im Spülbecken versetzt sie in Alarmbereitschaft wie eine Sirene einen Feuerwehrmann. Diese armen Menschen befinden sich permanent im Ausnahmezustand und sind nicht einmal in den eigenen vier Wänden in der Lage abzuschalten.

Extrem ordnungsliebende Menschen sagen Dinge wie:

- «Ich kann mich nicht hinsetzen, wenn das Geschirr noch nicht gespült ist.»

- «Ich kann nicht gut das Haus verlassen, ohne das Bett zu machen.»
- «Offene Schranktüren machen mich nervös.»
- «Bitte fass die Glasbalustrade nicht an – ich habe gerade die Scheiben geputzt!»
- «Warum steht das blaue Buch im roten Regal?»
- «Schuhe gehören nicht in den Flur!»

Wir unordentlichen Menschen kennen diese Sorgen nicht. Wir unordentlichen Menschen sagen Dinge wie:

- «Diese Netflixserie ist echt gut. Komm, wir gucken noch eine Folge!»
- «Ich könnte jetzt ein Nickerchen vertragen.»
- «Oh, schau! Ich habe einen halben Schokoriegel in der Couch gefunden!»
- «Meinst du, ich kann dieses Top zum dritten Mal hintereinander anziehen?»
- «Keine Sorge – das ist doch nur ein Fleck!»
- «Was für fantastische Schuhe da drüben im Flur. Sind die neu?»

Wenn eine obsessiv ordnungsliebende Person etwas außer der Reihe sieht – ein nasses Handtuch auf dem Boden, verschmierte Fingerabdrücke an der Wand oder schmutziges Geschirr im Spülbecken –, wird ihre Stressantwort umgehend aktiviert. Das Handtuch/der Fingerabdruck/das Geschirr schreit «GEFAHR!» (ja, genau so, in Großbuchstaben), und der Körper dieses Menschen reagiert, indem er unruhig und fahrig wird. Der oder die Betreffende kann sich nicht mehr entspannen, bis er oder sie geputzt hat.

Diejenigen unter uns, die sich mit Unordnung pudelwohl fühlen, haben diese Stressreaktion entweder nicht, oder sie haben gelernt, sie zu ignorieren. Wir können den Fingerabdruck an der Wand registrieren und beschließen, dass wir uns damit befassen, wenn wir bereit dazu sind. Wir lassen uns von schmutzigem Geschirr oder anderen Unvollkommenheiten nicht irritieren, und wir regen uns nicht über Kleinigkeiten auf. Wir bemerken nur, dass die Kleinigkeiten mitten im Weg liegen, und steigen auf dem Weg in die Küche darüber.

Es ist eine unschätzbare Lebenskompetenz, Unordnung und Durcheinander tolerieren zu können. Das Leben ist der reine Zufall und chaotisch und stellt uns ständig vor neue Herausforderungen, und wir alle müssen uns damit arrangieren können. Aber wie sollen wir Enttäuschungen verkraften und mit Veränderungen umgehen, wenn wir nicht einmal mit einer offenen Schranktür fertig werden? Wie sollen wir die Dinge nehmen, wie sie kommen, wenn ein ungemachtes Bett uns in Panik versetzt? Wie sollen wir die Wechselfälle des Lebens ertragen, wenn wir uns schon von einem Haufen Schulranzen verunsichern lassen?

Wenn du extrem ordnungsliebend bist, werde ich dir

nicht sagen, dass du dich entspannen sollst. (Ehrlich, es gibt nichts Stressigeres, als gesagt zu bekommen, dass man sich entspannen oder – noch schlimmer – «beruhigen» soll. Ich könnte selig schlummern, und ein geflüstertes «Entspann dich!» zwei Zimmer weiter würde mich sofort aus dem Schlaf reißen und mir die Nackenhaare aufstellen.) Aber wenn es dein eigener Wunsch ist, dich zu entspannen, dann fang damit an, ein bisschen Unordnung zu akzeptieren. Sobald du Frieden mit einer kleinen Plastikgiraffe im Spülbecken schließen kannst, kannst du anfangen, Frieden mit dir selbst zu schließen.

Unordnung ist schön

Wenn ich nicht so entspannt wäre, würde ich mich maßlos über die Schönheitsstandards aufregen, die für unsere eigenen vier Wände gelten. Wir sind darauf konditioniert zu glauben, dass der Idealzustand ein sauberes, aufgeräumtes und entrümpeltes Haus ist, genau wie wir darauf konditioniert sind zu glauben, dass das weibliche Schönheitsideal in einer schmalen Taille, einem großen Mund und merkwürdigen Jeans mit hohem Bund besteht, die an jeder Frau über zwanzig einfach nur noch lächerlich aussehen.

Aber diese Schönheitsideale sind nur kulturelle Konstrukte. Das Konzept der Schönheit ist total subjektiv, ob wir nun über unser Zuhause oder ein Gesicht oder eine Jeans sprechen. Der Schönheitsbegriff des einen kommt dem anderen lachhaft vor, weshalb meine Tochter und ich derzeit unüberbrückbare Differenzen darüber haben, ob sie sich ein Nasenpiercing machen lassen soll.

Wir müssen uns von vorgefertigten Schönheitsstandards befreien, in unseren vier Wänden wie auch im Leben allgemein. (Aber nicht, was unsere Nase betrifft. Das ist ein komplett anderes Thema.) Wir müssen unseren Schönheitsbegriff erweitern. Schönheit findet sich in ganz unterschiedlichen Häusern und Wohnungen, von den vollkommen makellosen bis hin zu den komplett chaotischen. Wir sollten die unordentlichen mit derselben Inbrunst und Freude feiern wie die ordentlichen.

Wenn ein Haus ein Kunstwerk wäre, dann könnte man sich ein aufgeräumtes Haus als sorgfältig angelegte Strichzeichnung vorstellen, mit scharfen Kanten und geraden Linien und viel sauberem, weißem Raum. Ein unaufgeräumtes Haus wäre ein Jackson Pollock, total bunt und chaotisch und voller Spritzer, mit Erdnussbutter, die jemand in der Mitte verschmiert hat, und einem schmutzigen Paar Socken am Leinwandrand. Aufgeräumte Häuser sind statisch und unveränderlich und beständig; unordentliche Häuser sind lebendig und verändern sich fortwährend. Aufgeräumte Häuser sind wie ein servierfertiger Vanilleeisbecher, aber unordentliche Häuser sind der Schokoeisbecher XXL mit Streuseln und Waffeln und Soße und Schlagsahne, die dekadent auf allen Seiten herunterläuft.

Wenn ein Haus ein Kleidungsstück wäre, dann wäre ein aufgeräumtes Haus ein Anzug, ein unaufgeräumtes dagegen Boho-Chic. Was wie ein einziges Durcheinander aussieht, ist in Wahrheit ein stylisher Lagenlook und gewollt. Genau wie Mode-Influencer Lagen von Schmuck und Kleidern übereinanderdrapieren, drapieren wir Homemanagement-Influencer Lagen von Gegenständen übereinander. Auf meinem Esstisch liegt derzeit ein halber Apfel auf einem Stapel Papier auf einem Laptop auf einem Buch, daneben befindet sich eine Tube Handcreme in einer Kaffeetasse mit Sprung auf einem Teller voller Krümel. Die Diskrepanz unterschiedlicher Strukturen und Farben erschafft ein faszinierendes Ensemble, das extrem hip ist, und sie verleiht dem Raum Bedeutung und Charme.

Hinzu kommt, dass das Nebeneinander aus disharmonischen Gegenständen in meinem Haus ein starkes modisches Statement darstellt. Mein nasses Handtuch beißt sich geradezu mit dem glänzenden Fliesenboden, und heraus kommt ein sagenhaft beeindruckendes Badezimmer. Meine farbneutrale Couch kontrastiert mit dem bunten Haufen Schmutzwäsche darauf und verleiht meinem Wohnzimmer einen besonderen Akzent. Die pinkfarbenen Laufschuhe im Flur sind ganz klar unvereinbar mit dem Braunton des Parketts und unterstreichen ihn deshalb umso mehr.

Der Schlüssel zu allen möglichen Formen künstlerischen Ausdrucks sind Selbstbewusstsein und Überzeugung. Wenn Jackson Pollock sich kleinlaut für sein Werk entschuldigt und behauptet hätte, er habe versucht, ein akkurates Quadrat zu malen, hätte er womöglich niemals auch nur ein Bild verkauft. Du musst dich also erhobenen Hauptes hinstellen, zu deiner Unordnung stehen und sie als das Meisterwerk bezeichnen, das sie ist. Dein Haus ist vollkommen in seiner Unvollkommenheit. Es ist schick. Es ist faszinierend. Es ist Schönheit. Es ist Kunst.

Verschieberitis mit Besen und Mopp

Es gibt die einen, die leidenschaftlich gern putzen, und die anderen, die es aus Pflichtgefühl tun.

Doch da ist noch eine dritte Gruppe, die von weniger mustergültigen Motiven angetrieben wird und weder sich selbst noch anderen etwas Gutes tun will. Ein Besen ist nur so tugendhaft wie die Hand, die ihn führt, und manche Hände umklammern ihn aus allerlei falschen Gründen. Das Putzen hat auch eine dunkle Seite, und ich weiß das, weil ich mich selbst dorthin gewagt habe.

Ich mag Unordnung und hasse Putzen – außer, wenn ich einen Abgabetermin habe. Immer wenn sich Arbeitsdruck aufbaut, verspüre ich den übermächtigen Wunsch, meine Speisekammer neu zu ordnen, die gesamte Bettwäsche zu wechseln oder in den Ecken der Bücherregale im Wohnzimmer auf Staubfang zu gehen. Ich setze mich an den Rechner, um ein bisschen zu arbeiten, und schon ertappe ich mich dabei, wie ich Gummihandschuhe überstreife und mir den Fensterreiniger schnappe. Ich habe mir geschworen, endlich die Steuer zu machen, nur um festzustellen, dass dringend gestaubsaugt werden muss. Immer, wenn es Zeit ist, Rechnungen zu schreiben, muss ich unbedingt den Kühlschrank putzen, die Teppiche dampfreinigen oder das gesamte Haus in einer neuen, lebensbejahenden Farbe streichen.

Zum Glück verschicke ich nur alle paar Monate Rechnungen.

Manchmal ist Putzen einfach nur Putzen, und dann wieder ist Putzen Verzögerungstaktik. Ich habe kürzlich eine breit angelegte Studie mit sieben meiner engsten Freunde durchgeführt und entdeckt, dass fünfzig Prozent von ihnen aufräumen und putzen, um etwas nicht tun zu müssen, das sie nicht tun wollen. (Und ja, fünfzig Prozent von sieben ist dreieinhalb, aber wir müssen an dieser Stelle nicht spitzfindig werden.) Putzen ist das ultimative Mittel der Wahl bei Verschieberitis und wird seit Menschengedenken als solches missbraucht. Ich bin keine Historikerin, mir aber ziemlich sicher, dass der prähistorische Mensch, als er eigentlich wilde Eber hätte jagen sollen, plötzlich den unwiderstehlichen Drang verspürte, seine Höhle zu fegen.

Bist du von der putzenden Trödelfraktion? Ertappst du dich dabei, wie du die Wände nass abwischst, wenn du eigentlich ein Protokoll lesen solltest? Verschiebst du die Beantwortung deiner E-Mails, um deinen Kleiderschrank neu zu sortieren? Sagst du Dinge wie «Ich poliere noch rasch das Silberbesteck, und dann erledige ich das Telefonat»?

Wenn du lernst, Putzen nicht als Krücke zu missbrauchen, und wenn du dem Lockruf des Schwamms widerstehen kannst, wird deine Produktivität sprunghaft ansteigen. Du wirst unangenehme Aufgaben rascher und effektiver erledigen und mehr Freizeit haben, um putzen zu können. Außer natürlich, du willst deine Freizeit gar nicht mit Putzen verbringen – wenn du keiner Arbeit aus dem Weg gehen willst, brauchst du das Putzen auch nicht als Übersprunghandlung! Du wirst dich einfach in deinem herrlich unordentlichen Zuhause entspannen.

Lass nicht zu, dass dich die dunkle Kraft des Putzens von deinen Zielen abbringt. Es ist an der Zeit, den Besen wegzustellen, deine Höhle verstauben zu lassen und wieder wilde Eber jagen zu gehen.

Kosten-Nutzen-Analyse

Das Leben ist kurz. Wirklich. Es rast nur so vorbei. Noch vor Kurzem war ich ein Teenager und bin in einem winzigen Bikini herumstolziert, und jetzt nehme ich Schmerzmittel für meinen Rücken und schmiere mir Antifaltencremes ins Gesicht, die nichts bringen. Wie wollen wir unsere kostbaren Jahre auf der Erde verleben, bevor wir in die Ewigen Waschküchen eingehen? Welchen Prozentsatz unseres Lebens sind wir bereit, der nicht zu gewinnenden Schlacht gegen die Entropie zu opfern? Wie viel Hausarbeit wollen wir wirklich machen?

Ist sie überhaupt all die Mühe wert?

Mit welchen Kosten es verbunden ist, ein Haus absolut sauber zu bekommen	Welchen Nutzen es hat, ein Haus absolut sauber zu bekommen
• Gewaltiger Aufwand an Zeit und Energie in dem sinnlosen und aufreibenden Kampf gegen den Zweiten Hauptsatz der Thermodynamik (siehe S. 59 f.). • Täglicher körperlicher Kontakt mit ekligen Sachen wie Klos und Ofenfett und Staubmäusen und faulendem Gemüse im Kühlschrank.	• Innere Zufriedenheit, drei oder vier Minuten lang ein sauberes, aufgeräumtes Zuhause zu haben, bevor die Unordnung zurückgekrochen kommt.

Mit welchen Kosten es verbunden ist, ein Haus absolut sauber zu bekommen	Welchen Nutzen es hat, ein Haus absolut sauber zu bekommen
• Zähneknirschende Frustration, wenn du siehst, wie Mitglieder deines Haushalts beiläufig Boden/Küche/Bad/Wohnzimmer entweihen, nur Minuten, nachdem du fertig geputzt hast. • Unangenehme, immer wiederkehrende Auseinandersetzungen mit Mitgliedern deines Haushalts über ihren mangelnden Respekt vor der geweihten Heiligkeit von Boden/Küche/Bad/Wohnzimmer nach dem Putzen. • Ungesund keimfreie Umgebung, die deine natürlichen Abwehrkräfte schwächt (siehe S. 52 f.); dazu kommt der durchdringende Geruch von Bleiche.	• Besuch, der sagt: «Wow, dein Haus ist wirklich sauber!» • Äh ... • Sekunde ... • Ich bin sicher, mir fällt noch was ein! • Nö, das war's auch schon.

Mit welchen Kosten es verbunden ist, ein Haus absolut sauber zu bekommen	Welchen Nutzen es hat, ein Haus absolut sauber zu bekommen
• Von der beängstigenden Vollkommenheit deines Hauses eingeschüchterte Freunde, was zu Verlegenheit, Anspannung und selteneren Gegeneinladungen führt. • Verschieberitis, die versäumte Abgabetermine und verspätete Steuererklärungen zur Folge hat, was der Karriere schadet und Bußgelder nach sich zieht. • Weniger Zeit, um andere Quellen der Zufriedenheit zu erschließen, bei denen weder Schwamm noch Besen eine Rolle spielen.	

Dreiundvierzig wunderbar befriedigende Dinge, die du tun kannst, anstatt zu putzen

1. Lies ein Buch. Alternativ schreib selbst eins. Nicht über die Vorzüge der Unordnung – das Thema ist schon besetzt.
2. Betätige dich künstlerisch. Sieh dir an, wie deine Kunst das Leben imitiert.

3. Lerne zu meditieren und dich selbst zu verwirk-
   lichen.
4. Such im Internet nach einem ungelösten Verbre-
   chen, löse es, und dann veröffentliche einen Podcast über deine Ermittlungen.
5. Häkle winzige Lemminge und verkauf sie auf Etsy.
6. Schau Versprechervideos auf YouTube an und lach
   dich kaputt.
7. Schau Wiedersehensvideos auf Instagram und heul
   dir die Augen aus.
8. Fang wieder mit dem Sport an. Ich habe keinen
   mehr getrieben, seitdem ich Korbball in der High-
   school gespielt habe, aber offenbar gibt es eine breite und aufregende Palette an Sportarten, mit denen
   man es versuchen kann. Rennrodeln klingt interessant. Unterwasserhockey auch. Vielleicht lässt du
   das Extrembügeln aus.
9. Fang an, ein paar geschmackvolle Selfies zu posten,
   und werde Instagram-Influencerin.
10. Mach ein Nickerchen. Dazu brauchst du nicht mal
    ein Bett! Du kannst auf der Couch schlafen, auf dem
    Boden oder unter einem Baum im Park. Ich habe
    einmal in meinem Auto auf einem Supermarktpark-
    platz geschlafen, und es war zutiefst befriedigend.
11. Lerne eine neue Sprache – vorzugsweise Franzö-
    sisch. Wer wollte nicht Französisch sprechen kön-
    nen?
12. Arbeite dich in den Aktienmarkt ein, eröffne ein

Portfolio und fang an, dir dein Privatvermögen aufzubauen.

13. Spiel mit deinem Haustier. Wenn du keins hast, adoptiere eins. Darf ich zu einer Katze raten? Sie sind selbstreinigend.

14. Schau dir die Netflix-Serie an, über die alle reden, und analysiere sie dann mit deinen Freunden. (Ich persönlich fand das Ende enttäuschend, aber ich habe die Wendung auch überhaupt nicht kommen sehen.)

15. Kauf dir ein paar Pflanzen und sorge um Himmels willen dafür, dass sie nicht eingehen.

16. Lerne ein Instrument spielen – Klavier oder Gitarre, wenn du es gern melodisch hast, und Blockflöte oder Schlagzeug, wenn du deine Familie hasst.

17. Gründe einen Lesezirkel mit deinen Freunden und redet über Gott und die Welt, nur nicht über Bücher.

18. Besuche einen Erwachsenentanzkurs. (Damit meine ich einen Tanzkurs für Erwachsene und nicht etwa einen Kurs in «Erwachsenentänzen», obwohl ich ein sehr offener Mensch bin und das sehr spannend klingt.)

19. Studiere Philosophie und finde den Sinn des Lebens heraus. Besteht er in Put-Zen?

20. Rufe eine Sekte ins Leben und rekrutiere ein paar Anhänger. Alternativ kannst du auch irgendein Marketingkonzept aus dem Boden stampfen und auf den Weg bringen.

21. Schau dir die Facebook-Seite von jemandem an, der dich während der Schulzeit gemobbt hat, und ergötze dich daran, wie würdelos er oder sie altert.

22. Erfinde etwas und bringe Risikokapitalanleger dazu, in dein Start-up zu investieren.

23. Träum in den Tag hinein ... einfach so. (Wenn du nicht weißt, wie das geht, versuche es mit Fantasien über eine Vollzeitputzkraft.)

24. Beginne eine Unterhaltung mit einer fremden Person. Taxifahrerinnen und -fahrer sind zum Beispiel ziemlich interessant.

25. Leg einen Kräutergarten an und vergrabe ein paar Samen. Natürlich nicht Koriander. Koriander ist ein Teufelszeug.

26. Überarbeite einen Wikipedia-Eintrag. Sei ein bisschen kreativ! Hab Spaß dabei!

27. Erlerne die Hexenkunst und zaubere auf Teufel komm raus.

28. Leg ein Profil auf einer Dating-Plattform an und such nach der Liebe.

29. Mach deine Steuererklärung. Animiere mich dazu, meine Steuererklärung zu machen. Mach meine Steuererklärung für mich.

30. Lies einen langen Artikel über etwas anderes als die schrecklichen Zustände auf der Welt.

31. Geh spazieren. Geh joggen. Mach einen Yogakurs. Geh ins Fitnessstudio. Mach Online-Sportkurse. Werde Personal Trainer!

32. Hab Sex mit jemandem, der begeistert einwilligt, Sex mit dir zu haben. (Diese Person kannst auch du selbst sein.)

33. Surf dich durchs Netz und vertiefe dich in das Leben eines deiner Lieblingspromis.

34. Geh zur Therapie. Verwende nach ein paar Sitzungen all deine Erkenntnisse, um Lebenscoach zu werden.

35. Sammle etwas. (Etwas anderes als Bauchnabelfusseln, schlage ich vor, aber in jedem Fall etwas, das dein Interesse weckt.)

36. Beginne täglich Tagebuch zu schreiben. In zwanzig Jahren kannst du die Einträge nachlesen und dich verlegen lachend in Grund und Boden schämen.

37. Bau einen Bunker, befülle ihn mit Vorräten und werde Prepper.

38. Lerne, deine Kleider selbst zu schneidern, und gründe ein Modelabel mit einem schrulligen Namen wie Jtebski oder Sekret.

39. Tanze in deinem Wohnzimmer, als würde niemand zuschauen. (Wenn du wie ich tanzt, ist es wahrscheinlich auch am besten, wenn tatsächlich niemand zuschaut.)

40. Schicke deinen Freunden Textnachrichten, wobei du nur die Autoergänzungsfunktion nutzt.

41. Surfe durch Onlineshops, befülle deinen Warenkorb und logge dich dann wieder aus.

42. Gründe einen YouTube-Kanal und lade Filme über die Freuden des Nichtputzens hoch.
43. Tu absolut rein gar nichts.

Endgültiger Beweis, dass Unordnung besser ist als Aufräumen

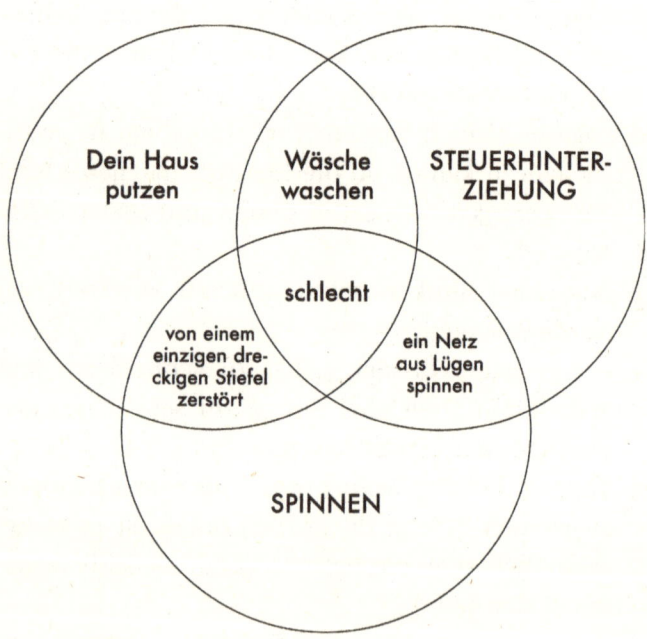

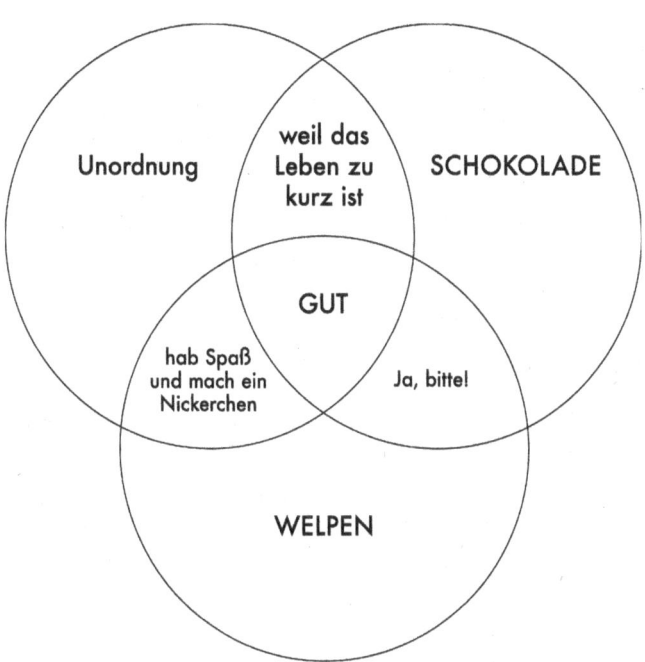

VIER
Da kriegst du doch die Tür nicht zu: Warum du aufhören solltest, Sachen wegzuwerfen

Behalte die Kuh

Was ich dir jetzt offenbare, wird dich womöglich zutiefst schockieren, deshalb entschuldige ich mich schon einmal prophylaktisch für die emotionalen Nöte, in die es dich vielleicht stürzt. Ich schlage vor, du setzt dich, wenn du nicht schon sitzt, und lässt dir einen Augenblick Zeit, um dich zu wappnen.

Okay. Los geht's. Jetzt kommt meine Beichte:

Ich war früher eine begeisterte Entrümplerin.

Ja! Ich weiß. Es ist ein Riesenschreck und total erschütternd. Du fühlst dich wahrscheinlich von dieser Enthüllung kalt erwischt. Es tut mir leid – ich hätte es dir schon eher sagen sollen, aber ich schäme mich nun einmal sehr für diese verstörende Phase meines Lebens. Du kannst ganz beruhigt sein, sie ist vorbei, und ich bin vollständig kuriert!

Auch wenn es keine Ehrenrettung ist, tröstet es dich vielleicht, dass ich das Entrümpeln nicht als Trend in den sozialen Medien aufgeschnappt habe. Meine Entrümpelungsphase fand lange vor dem allgemeinen Hype darum statt. Ich habe den japanischen Stil des Entrümpelns betrieben, bevor er in Mode kam. Ich habe die schwedische Kunst des Death Cleaning ausgeübt, als ich fünfunddreißig und pumperlgesund war. Ich konnte Stunden damit verbringen, meine Schränke zu sichten, um alles auszumustern, was mir überflüssig erschien, und erlebte tiefste Befriedigung, als ich den ganzen Ausschuss in einen Kleidercontainer warf. (Oder jedenfalls warf ich die aussortierte Kleidung ins Auto, wo sie zwei Monate lang vor sich hin rottete, bevor ich die Energie aufbrachte, zu einem Kleidercontainer zu fahren und alles zu entsorgen.)

Ich habe damals nicht davon gesprochen, ob mir etwas «Freude bereitet», und ich habe auch nicht meinen Sachen gedankt, als ich sie wegwarf. (Schon als viel jüngere Frau war mir klar, dass unbelebte Objekte nicht Englisch oder irgendeine andere Sprache sprechen.) Ich habe meine Entrümpelungsaktionen natürlich nicht in den sozialen Medien gepostet oder sie mit den Hashtags #wenigeristmehr, #keinefreudehier oder #simplifyyourlife versehen.

Doch diese Reise hat mich am eigenen Leib die Gefahren der Entrümpelungsbewegung spüren lassen. Ich lebte plötzlich mit halb leeren Schränken, kärglich befüllten Spielzeugkisten, übersichtlichen Bücherregalen, einem Minimum an Accessoires und einem tiefen, nachklingenden Gefühl des Bedauerns.

Aber wie konnte das passieren? Warum habe ich angefangen, mein Hab und Gut wegzuwerfen?

Nun, ich habe immer dann entrümpelt, wenn ich gestresst war oder Sorgen hatte, um das Gefühl der Kontrolle über mein Leben zurückgewinnen. Ich wühlte mich in einem Zustand des inneren Aufruhrs durch mein Heim und suchte nach entbehrlichen Gegenständen, die ich entsorgen konnte.

«Ich habe dieses blaue T-Shirt monatelang nicht angehabt!», lamentierte ich und vergaß dabei, dass Winter war und der Sommer ziemlich sicher wiederkehren würde.

«Dieser Schmortopf ist uralt», erklärte ich, obwohl Töpfe kein Verfallsdatum haben und in der Schublade noch jede Menge Platz war, seitdem ich erst in der Vorwoche eine «überflüssige» Pfanne weggeworfen hatte.

«Diese Kuh aus Pappmaché ist hässlich», sagte ich, obwohl ich sie im Urlaub auf Bali gekauft hatte und sie so hübsch wie jede andere Kuh aus Pappmaché war.

«Du spielst doch gar nicht mehr mit dieser Barbie!», flüsterte ich mitten in der Nacht, als meine Tochter tief und fest schlief. Wenn sie gewusst hätte, dass ich ein Komplott schmiedete, um ihre Spielsachen wegzugeben – auch die, die seit einem Jahr unbeachtet in der Box lagen –, wäre sie aus dem Schlaf aufgefahren und hätte sie mir aus den Händen gerissen.

Anschließend stopfte ich den ganzen entrümpelten Kram in eine Mülltüte (oder einmal auch in einen Koffer, den wir – wie ich beschlossen hatte – nicht mehr brauchten) und trug sie hinaus ins Auto. Ich fühlte mich sofort erleichtert, als ich wieder ins Haus zurückging, zum einen wegen der psychologischen Erleichterung und zum anderen, weil die Tüte total schwer gewesen war.

Dieses Gefühl hielt den Rest des Tages über an – manchmal sogar mehrere Tage lang. Doch unausweichlich erinnerte ich mich eine Woche oder einen Monat oder noch später an einen der so spontan entsorgten Gegenstände, und Gewissensbisse begannen, an mir zu nagen. *Das blaue T-Shirt hätte perfekt zu diesem Outfit gepasst,* dachte ich. Oder: *Den Schmortopf könnte ich heute Abend wirklich gut gebrauchen.*

Und wehe mir, als meine Tochter dahinterkam, dass ich ihre Barbie weggeworfen hatte! Sie war ganz und gar nicht unerwünscht gewesen, erfuhr ich aus dem Gebrüll meines Kindes. Sie hatte sich nur in der Box «ausgeruht».

Reue ist die Kehrseite der Entrümpelung, und sie hält länger an als die Zufriedenheit nach dem Aussortieren. Niemand will ein Messie sein, und ich plädiere auch nicht dafür, Müll zu horten, aber wenn du erst darüber meditieren musst, ob etwas bleiben soll oder gehen kann, dann solltest du dich wahrscheinlich für «bleiben» entscheiden.

Es ist nämlich so: Nur weil du das Waffeleisen in den letzten sechs Monaten nicht benutzt hast, bedeutet das nicht, dass du es nie wieder benutzen wirst. Nur weil du keine Haarspangen mehr getragen hast, seitdem du dir einen Pony hast schneiden lassen, bedeutet das nicht, dass du dir deinen Pony nicht irgendwann wieder wachsen lassen wirst. Und nur weil es einer Kuh aus Pappmaché nicht gelingt, dir an einem bestimmten Tag Freude zu bereiten, bedeutet das nicht, dass du nicht ein Jahr später mitten in der Nacht aufwachst und denkst: *Ach, Kuh aus Pappmaché, was habe ich nur getan?*

Entrümpeln berücksichtigt weder den schnellen Wechsel von Moden noch die Veränderlichkeit deines eigenen Geschmacks und deiner Stimmung. In der einen Minute wirfst du deine Jeans mit dem hohen Bund und deine Haargummis weg, und in der nächsten sind beide verblüffenderweise wieder groß in Mode. An dem einen Tag beschließt du, nie wieder Stilettos zu tragen, und am nächsten Tag denkst du dir: *Das Leben ist kurz! Her mit den hohen Absätzen!*

Und was beim Entrümpeln noch untergeht: der Umweltaspekt und der Aspekt der Verschwendung. Entrümpeln wird als unglaublich erstrebenswert propagiert (Minimalismus! Beschränkung auf das Wesentliche! Weniger ist mehr!), aber es tut nichts für die Welt. Entrümpeln befreit uns nicht von Dingen; bestenfalls bewegt es die Dinge nur an einen anderen Ort. Sicher, einiges davon bekommt eine neue Bestimmung, wenn du es spendest, aber das meiste wird im Müll enden.

Wenn du wirklich vorhast, minimalistisch zu leben, dann ist durch Entrümpeln allein nichts gewonnen. Es ist viel besser, die Dinge weiterzubenutzen, die du bereits besitzt, und zu beschließen, nichts dazuzukaufen.

Du musst die Sachen, die dir Freude machen, nicht wegwerfen, und die Sachen, die dir keine Freude machen, musst du auch nicht wegwerfen. Es ist viel besser, ein Zuhause voller Gerümpel zu haben, als voller Reue in großen leeren Räumen zu leben. Halte an deinen T-Shirts und Töpfen und Kühen aus Pappmaché fest. Und wenn du wirklich etwas entsorgen willst, dann nimm deine Entrümpelungsratgeber und wirf stattdessen diese weg.

Der Entrümpelungskater

Wie erwähnt, habe ich in meiner wilden Entrümpelungsphase viele Dinge ausgemustert, die ich später heftig vermisste. Bitte lies dir diese Liste durch, lerne aus meinen Fehlern und denk künftig gut nach, bevor du dein Eigentum wegwirfst.

Hätte ich diese Dinge doch nur nicht weggeworfen

- Einen heißen pinkfarbenen Stringtanga, den ich ein bisschen zu … viel fand (oder eher zu wenig). Ganz eindeutig befand ich mich damals in einer schwierigen Phase, in der ich keine Entscheidungen in Bezug auf Kleidung hätte treffen sollen. Heiße pinkfarbene Stringtangas sind *nie* zu viel.

- Eine große Dose Pfirsiche. Jahrelang hatte keiner in unserem Haushalt mehr Pfirsiche in Dosen gegessen. Ein paar Tage später bekam ich wahnsinnige Gelüste auf Dosenpfirsiche.

- Einen SpongeBob-Schwammkopf-Sandwich-Toaster, der einen SpongeBob-Schwammkopf in Käsetoast presste, aber dazu neigte, dabei das Brot anzubrennen. Ich hätte viel toleranter gegenüber SpongeBobs Fehlerhaftigkeit sein sollen. Es gibt Tage, an denen wir alle ein bisschen SpongeBob-Magie brauchen.

- Diverse Schmuckbeutel, die ich entsorgte, und buchstäblich am Tag danach fragte mich meine Tochter: «Mum, hast du eigentlich Schmuckbeutel?»

- Eine gebauschte, durchsichtige weiße Haremshose, die total unpraktisch war. Offen gestanden würde ich töten, um sie zurückzubekommen.

- Ein Ladekabel, das monatelang in einer Schublade lag und – soweit ich es beurteilen konnte – keinerlei Verwendungszweck hatte. Wie ich später entdeckte, konnte man damit die Digitalkamera aufladen, die ich seit Jahren nicht benutzt hatte.

- Diverse glänzende Lipglosse, die ich skrupellos

entsorgt habe, nachdem ich beschlossen hatte, mattem Lippenstift den Vorzug zu geben. Glänzende Lippen kamen im Sommer darauf wieder in Mode.

- Eine ganze Babyausstattung, weil ich zwei Kinder bekommen hatte und keine weiteren mehr kriegen wollte. Wie du dich vielleicht erinnerst, habe ich jetzt drei Kinder.

- Ein brandneuer, sehr teurer Vibrator, den mir jemand geschenkt hat. Ich hatte bereits einen wunderbaren Vibrator und beschloss, den neuen großzügig einer Freundin zu vererben. Einen oder zwei Monate später ging der alte Vibrator kaputt. Mir geht jetzt erst auf, dass zwei Vibratoren unendlich viel besser sind als keiner.

- Ein unglaublich schönes hellblaues Chiffon-Shirt, das ich trug, bis ich es nicht mehr sehen konnte und wegzugeben beschloss. Das war vor zehn Jahren. Ich wäre inzwischen so weit, es wieder anzuziehen.

- Eine Box voller Lego, weil keines der Kinder mehr mit Lego gespielt hat. Eine Woche später verkündete meine Tochter, dass sie wieder große Lust hätte, Lego zu spielen.

- Eine kleine Kuh aus Pappmaché. Das ist immer noch ein schmerzhaftes Thema, über das ich nie wieder reden will.

Kram, den man sieht, und Kram, den man nicht sieht

Gerümpel ist Zeug. Zeug ist eine Ansammlung von Sachen. Sachen bringen Farbe und Leben und Struktur in dein Haus.

Gerümpel ist der Unterschied zwischen einer Gourmetpizza «Von allem etwas» und einem schlichten, glutenfreien Pizzabrot ohne Käse. Gerümpel ist der Unterschied zwischen einem historischen Netflix-Schinken mit jeder Menge Sex und einer einstündigen Dokumentation über das Steuersystem. Gerümpel ist der Unterschied zwischen einer kleinen Kuh aus Pappmaché und der Bleistiftzeichnung eines Quadrats auf weißem Papier.

Forscher unterscheiden zwei Kategorien von Gerümpel: Kram, den man sieht, und Kram, den man nicht sieht.

Der Großteil meines Krams ist Kram, den man sieht – zum einen, weil ich es liebe, mich an kostbaren Erinnerungsstücken aus meinem Leben zu ergötzen, und zum anderen, weil ich keinen Bock darauf habe, Sachen in Schränke oder Schubladen zu stopfen. Jeder einzelne Gegenstand, den ich mir über die Jahre angeschafft habe, besitzt einen besonderen Platz in meinem Herzen und triggert eine bestimmte Erinnerung oder emotionale Reaktion.

Da wäre zum Beispiel das Kunstwerk meines Sohnes aus dem letzten Schuljahr, bei dessen Anblick ich vor Stolz platze und an den Horror der Abschlussprüfungen denken muss. Da wären ein Dutzend oder mehr Topfpflanzen, die mich an das Leben, an Wachstum und Erneuerung erinnern und an die Nachbarn, denen wir die Ableger geklaut haben.

Da wären die Übungsbögen meiner Tochter für die Fahrprüfung, die die langen, schrecklichen Stunden heraufbeschwören, die ich damit verbracht habe, ihr das Autofahren beizubringen. Da ist das Geschenk einer Freundin, mit der ich mich anschließend überworfen habe: eine Tasse, bei deren Anblick ich nun immer wieder ins Grübeln gerate über das unbeständige Wesen von Freundschaft. Da ist die kleine gelbe Lego-Katze, die mir die Launenhaftigkeit und Magie des Lebens vergegenwärtigt, hauptsächlich, weil ich absolut keine Ahnung habe, wie sie in unser Haus gekommen ist.

Und da ist ein schöner Keramikteller mit einem Seestück darauf, der mir die Liebe und Hingabe meiner Tochter in Erinnerung ruft. Nachdem ich den Teller versehentlich zu Boden hatte fallen lassen, wobei er in tausend Scherben zersprang, hat sie ihn für mich in mühevoller Kleinarbeit wieder zusammengesetzt. Meine Tochter ist sehr geschickt, und der Teller ist so gut wie neu, nur ein bisschen schief, es fehlen ein paar Teile, und drei riesige Risse sind mit Silikonkleber verleimt. Ein Kleinod voller Erinnerungen!

Interessanterweise haben die #homeInspo-Influencer nicht viel zu sagen über Kram, den man sieht. Vielleicht mögen es selbst Entrümpler, wenn sie schöne Dinge haben, die sie anschauen können. Vielleicht wissen sogar Minimalisten mit ihrem kalten, nüchternen Herzen die Ästhetik eines Meeresfrüchtetellers zu schätzen, der mit Kleber wieder zusammengesetzt wurde.

Der Kram, den man nicht sieht, ist es, den die #homeInspo-Industrie aufs Korn genommen hat. Wir sollen unsere Schränke ausmisten, unsere Kleider auf eine *Capsule Wardrobe* eindampfen, unsere Schubladen ordnen und unseren Kram auf ein Minimum reduzieren. Jegliches Hab und Gut, das nicht regelmäßig in Gebrauch ist, jeder Gegenstand, der uns nicht sofort Freude macht, soll über den Jordan gehen und auf Dauer aus unserem Gedächtnis gestrichen werden.

Es ist paradox, dass ich angesichts meiner Kindheitsvorliebe für allen möglichen Krempel früher meine eigenen Schränke und Schubladen entrümpelt habe. Als Kind war ich immer sehr gern bei meinen Großeltern Ada und Joe. Nanny Ada war die Königin des Krams, den man nicht sieht. Meine Großmutter hätte bei der Vorstellung, zu entrümpeln oder ihr Heim neu zu organisieren, spöttisch die Nase gerümpft; sie häufte im Laufe ihres Lebens zahllosen Nippes an und sah absolut keinen Grund, etwas davon wieder wegzuwerfen.

Ada und Joe hatten auch jede Menge Kram, den man

sieht, aber er war nicht so spannend wie der andere. Kram, den man sieht, ist etwas, das man während der Mahlzeiten betrachten kann, aber Kram, den man nicht sieht, ist etwas, das man erst finden muss.

Die Schränke meiner Großmutter waren ein Wunderland des Gerümpels, und meine Schwester und ich durften darin herumwühlen, sooft wir wollten. Infolgedessen langweilten wir uns bei ihr nie; es gab immer eine Schublade zu durchstöbern, immer eine Vitrine zu durchforsten, immer einen Schrank, in dem man sich verlieren oder aus dem man herausspringen und seine Schwester erschrecken konnte. Adas mannigfache Schubladen waren angefüllt mit Schals in allen Farben, Bergen von Modeschmuck und Haufen aus winzigen, alten Geldbörsen. Ihr Bad war vollgestopft mit originalverpackten Seifenstücken, Parfümflaschen und Kosmetik, die um einiges älter als ich waren. Aus ihren Schränken förderten wir Pelzmäntel zutage, die nach dem Muff der Jahrzehnte rochen, ganze Reihen von Schuhen, bodenlange Kleider und BHs mit Cups von der Größe meines Kopfes.

Die Schätze, die wir in Nanny Adas Schränken entdeckten, bildeten die Grundlage unserer Fantasiespiele. Meine Schwester und ich zogen Adas halb zerfallene hochhackige Stiefel an, benutzten ihre alten Spielkarten als Spielgeld und taten so, als würden wir die originalverpackten Seifenstücke wie Snacks essen – was gar nicht mal so schräg war, wie es sich jetzt anhört.

Wenn du an deinem Kram hängst, könntest auch du einen Schrank einrichten, der künftigen Generationen an Kindern genauso viel Spannung bietet. Ich bin bereits dabei, obwohl mein Kram nicht annähernd so fabelhaft ist wie der von Ada. Ich besitze weder bodenlange Kleider noch Pelze noch kniehohe Stiefel, nur einen Haufen billige T-Shirts, diverse Jogginghosen und Leggings und einige Paar Gummistiefel. In meinem Schrank bunkere ich ferner ein Dutzend kleine Shampooflaschen, die ich aus Hotels habe mitgehen lassen, einige alte Kompressionsstrümpfe, drei unvollständige Sätze Babyzähne, eine überraschende Anzahl an Kosmetiktaschen und fünf oder sechs Sonnenbrillen in verschiedenen Stadien der Reparaturbedürftigkeit.

Dennoch, Kram ist Kram, und er gestaltet den Stoff, aus dem mein Leben ist, und den Stoff, aus dem dein Leben ist. Akzeptiere dein Gerümpel. Akzeptiere die Freude am Kram. Eines Tages könnte dein Haus für irgendjemanden der liebste Ort auf der Welt werden.

Anmerkung des Lektorats: Unser Faktenchecker war nicht in der Lage, Forschungsarbeiten über Kram, den man sieht, und Kram, den man nicht sieht, ausfindig zu machen. Und es scheint sich dabei nicht einmal um echte wissenschaftliche Kategorien zu handeln.

#EineLanzefürKram

Bevor du dem Ruf #organisierteuch folgst, bedenke dies:

- Es ist viel besser, Dinge einfach «für den Fall des Falles» zu behalten, als sie wegzuwerfen und später neu zu kaufen. Das Leben ist lang und steckt voller unendlicher Überraschungen, und man weiß nie, wann man noch mal eine Gummibanane oder lilafarbene Leggings oder sieben verschiedene Kosmetiktaschen braucht.

- Häuser voller Gerümpel sind aufregend! Wenn du zum Beispiel deine Hand zwischen Sitzpolster und Rückenlehne einer Couch steckst, wirst du zwangsläufig eine Überraschung vorfinden. Vielleicht ein Haargummi oder einen Schlüssel oder einen halben Müsliriegel oder eine kleine Kosmetiktasche.

- Für den unwahrscheinlichen Fall eines Einbruchs wirst du jede Menge Vasen zur Hand haben, die du als Waffe benutzen kannst.

- Ein vollgestopftes Kinderzimmer enthält genug Material, um von der Tür bis zum Bett einen faszinierenden Hindernisparcours aufzubauen und die Schlafenszeit zum Highlight des Tages für alle zu machen!

- Ein mit Krimskrams übersäter Boden lässt dir weniger Platz zum Saugen, und so sparst du Zeit beim Saubermachen.

- Wenn deine Kinder sich zu Fasching oder Halloween verkleiden wollen, lassen sich aus all dem Kram in deinem Haus zahllose Kostüme kreieren. Wenn du passionierter Gerümpler bist, wirst du mit Leichtigkeit einen falschen Bart, Feenflügel oder ein Schwert aufspüren.
- Deine Haustiere werden außer sich vor Freude sein. In einem vollgerümpelten Haushalt findet sich immer etwas zum Spielen und zum freudig darauf Herumkauen.
- Häuser voller Gerümpel eignen sich hervorragend fürs Schatzsuchen. Du könntest sie etwa durchstöbern nach einem «grünen Füller», «drei kleinen Tuben Feuchtigkeitscreme», einem «pinkfarbenen Häkelferkel» und einer «Tasse mit dem Logo einer Firma, die keiner kennt». All das wird sich ganz leicht finden lassen.
- Wenn eines deiner Kinder mal ein paar Münzen für das Schulessen braucht, findest du welche unter den Couchkissen und auf dem Boden deines Schranks.
- Eines Tages wirst du deine reiche Nachbarin auf eine Tasse Kaffee einladen, und sie wird sagen: «Ich liebe Sherry», und du wirst diese staubige Flasche Sherry hervorholen, die seit fünfzehn Jahren in deinem Schrank steht, und deine Nachbarin wird entzückt sein und dich in ihrem Testament bedenken.

- Wenn dein Kind dich fragt, ob du irgendwo kleine Löffel/Geldbörsen/überschüssige Lippenstifte/Lego-Katzen hast, wirst du immer antworten können: «Ja! Ja, die habe ich!»
- Du brauchst nie Pyjamas zu kaufen, weil du einen Schrank voll alter T-Shirts hast, die du nicht mehr in der Öffentlichkeit trägst.
- Du wirst immer ein passendes Kabel für jedes nur erdenkliche Gerät haben.
- Wenn Armageddon kommt (oder eine katastrophische globale Pandemie), werden immer fünfundsiebzig Dosen Lebensmittel in deiner Speisekammer bereitstehen. Viele werden schon abgelaufen sein, aber wenn ohnehin Armageddon kommt (oder eine katastrophische globale Pandemie), kannst du ganz bedenkenlos abgelaufene Suppe essen. Du wirst auch Schachteln voller Micky-Maus-Heftpflaster haben, eine breite Palette Medikamente, jede Menge Münzen, die man gegen Waren eintauschen kann, Vasen, die sich als Waffe verwenden lassen, alte Teller, die du zu Schilden umfunktionieren kannst, und womöglich ein Schwert.

FÜNF
Lieber unordentlich als untröstlich: Die Tücken der Haushaltsorganisation

Unordnung liegt im Auge des Betrachters

Die Reinigungsmittelindustrie pflegt einen Mythos, dem zufolge in einem unordentlichen Haus auch ein großes Chaos herrschen und die unordentliche Person, die dort wohnt, furchtbar untüchtig sein muss.

Nun, ich lebe in einem unordentlichen Haus, und ich bin überhaupt nicht untüchtig. Tatsächlich ist meine Unordnung ein höchst raffiniertes und effizientes Organisationssystem mit seiner eigenen Logik und Ordnung. Es mag für einen Außenstehenden nach Chaos aussehen, aber in meinen Augen macht alles absolut Sinn. Alles ist an seinem richtigen Platz, selbst wenn dieser Platz einigermaßen unkonventionell und seltsam wirkt.

Der Kleber liegt zum Beispiel in der obersten blauen Schublade unter den Briefumschlägen; das Bügeleisen befindet sich im Kunstschrank neben den Farben; das Bügelbrett steht hinter der blauen Kommode mit dem Kleber; meine Nagelschere liegt in der Kommode neben meinem Bett; die Thunfischdosen stehen hinter dem Saft in der Speisekammer; die ungeöffnete Post liegt auf einem Tischchen im Flur. Meine Brille hängt an der Garderobe im Flur, die Fernbedienung liegt auf der Couch, und falls jemand eine gelbe Lego-Katze braucht, dann findet er sie auf dem geklebten Meeresfrüchteteller auf dem Esstisch.

Unordnung liegt im Auge des Betrachters. Nicht in dem Stapel Papiere auf dem Gang.

Die #organisierteuch-Leute würden dafür sorgen, dass ich all meinen Besitz neu arrangiere, damit er an erwartbaren und konventionelleren Orten zu finden ist. So sollte das Bügelbrett in unmittelbarer Nähe des Bügeleisens positioniert sein, die Thunfischdosen sollten bei den Lachsdosen stehen, und die Post sollte geöffnet und einsortiert werden.

Aber warum? Mein System ist maßgeschneidert, und es funktioniert für mich. Was ist schon dabei, wenn ich etwas länger brauche, um eine Dose gebackene Bohnen aufzuspüren? Was ist schon dabei, wenn ich fünf Schritte mehr machen muss, um einmal im Monat den Staubsauger zu benutzen? Wen kümmert es, wenn ich gelegentlich meine Rechnungen doppelt bezahle und gelegentlich gar nicht? Ich möchte, dass mein Zuhause die ausschweifenden und faszinierenden mäandernden Gedankengänge meines eigenen Hirns widerspiegelt und nicht das strenge, prosaische System eines #dasorganisiertehaus-Influencers.

Es gibt ordentliche «Lösungen» für jeden Winkel des Hauses. Wenn in deinem Büro ein Aktenschrank steht, kann dir jemand raten, wie man ihn organisiert. Wenn sich ein Kleiderschrank in deinem Schlafzimmer befindet, kann man dir beibringen, wie du ihn nach einem Farbcode ordnest. Wenn es eine Speisekammer in deiner Küche gibt, kann man dir zeigen, wie du deine Lebensmittel darin unterbringst – und du dir eine Kollektion weiße Weidenkörbe und etikettierte Weckgläser zu einem Preisnachlass sicherst, sofern du das ganze, patentierte Set nimmst.

Aber solche Organisationssysteme bergen auch Gefahren. Erstens arbeiten unsere Gehirne unterschiedlich, und ein System, das eine Influencerin zutiefst intuitiv findet, könnte für dich das komplette Gegenteil sein. Ein Profi könnte dir zum Beispiel empfehlen, deine Kosmetika in einem um 360 Grad rotierenden Magischen Kosmetikregal aufzubewahren, während es für dich viel effizienter ist, wenn deine Schminksachen auf deiner Kommode herumliegen, wo du dir ohne viel Aufwand deinen Lippenstift herauspicken und ihn dann wieder zu deinen anderen Sachen werfen kannst.

Zweitens besteht die Organisation des Hauses zu einem Großteil darin, dass du Dinge ordentlich wegräumst, sodass du sie einfach nur herausholen müsstest, was eine völlige Verschwendung deiner kostbaren Zeit ist. Warum solltest du drei Minuten lang deine

Spannbettlaken in einem perfekten Quadrat zusammenlegen, um sie in den Wäscheschrank zu räumen, wenn du sie irgendwann später doch nur wieder herausholst und auseinanderfaltest, um das Bett zu beziehen? Warum musst du den Aufstrich nach dem Frühstück in den Vorratsschrank zurückräumen, wenn du ihn schon zum Mittagessen wieder brauchst? Und warum solltest du deine Stromrechnung überhaupt öffnen, wenn du eine telefonische Mahnung bekommst, sobald sie überfällig ist?

Versuch gar nicht erst, den eckigen Klotz deines Chaos in das ordentliche runde Loch zu quetschen, das irgendein Influencer dir verkaufen will. Steh zu dir und deinem eigenen, maßgeschneiderten häuslichen Organisationssystem. Der Thunfisch kann bleiben, wo immer du ihn haben willst.

Capsule Wardrobe ist der Feind der Freude

Heimorganisierer lieben die Idee der *Capsule Wardrobe*. Darunter versteht man eine kleine Kollektion an Kleidungsstücken, Schuhen und Accessoires, die man nach Belieben miteinander kombinieren kann, um eine begrenzte Anzahl an Outfits zu kreieren. Sie basiert auf klassischen Kleidungsstücken und neutralen Farben; ein paar Statementteile dürfen dabei sein, um Akzente zu setzen. Eine *Capsule Wardrobe* ist höchst effizient und funktional.

Eine *Capsule Wardrobe* ist der Feind der Freude.

Meine Nanny Ada wäre erschüttert über dieses Konzept. Die einzigen Kapseln, die sie kannte, waren die, die man mit einem Glas Wasser nimmt, wenn dein Mann dich stresst und du deine Nachtruhe brauchst. Ada fand, dass Kleiderschränke Orte der Entdeckerfreude sein sollten. Wenn sie in ihrem Schrank nach etwas zum Anziehen stöberte, förderte sie viele verschiedene Looks zutage. Sie konnte mit einer langärmeligen Rüschenbluse und dunkelgrauer Hose wieder daraus auftauchen oder mit einem leuchtend pinkfarbenen Strandkleid und einem breitkrempigen Hut. Oder sie hat sich für einen Jogginganzug aus hellrosa Samt entschieden oder für einen langen Tupfenrock mit einem riesigen roten Gürtel. Sich morgens anzuziehen, machte meiner Großmutter Spaß, solange mein Großvater sie nicht stresste und sie gut geschlafen hatte.

Mein eigener Kleiderschrank platzt nicht vor lauter Wundern aus allen Nähten wie der meiner verstorbenen Großmutter. Ich habe zu viele lange transparente Haremshosen ausgemistet, um eine umfangreiche Kollektion an Kuriositäten zu besitzen. Trotzdem ist mein Schrank ziemlich chaotisch und wüst, und genauso mag ich ihn. Offen gestanden fühle ich mich allein schon durch die Vorstellung, jeden Tag neutrale Basics zu tragen, depressiv verstimmt. Sicher, ich trage mitunter denselben pinkfarbenen Jogginganzug eine ganze Woche lang, aber ich wünsche mir eine breite Auswahl an Alternativen für den Fall des Falles.

Das Konzept, den eigenen Kleiderschrank straff durchzuorganisieren, lehne ich ab. Ich will meine Kleider nicht fein säuberlich vor mir aufgereiht sehen, die Jeans zur Linken und die T-Shirts zur Rechten. Ich will nicht, dass meine Kleider nach einem Farbcode sortiert und ordentlich aufgehängt sind, sodass ich auf den ersten Blick sehe, was ich alles besitze, sobald ich die Schranktür öffne. Ich will, dass meine Pullis sich in die hinterste Ecke des Schranks verirren und meine T-Shirts unter Stapeln von Hosen verschüttgehen. Ich wünsche mir ein Durcheinander aus Kleidern, einen wirren Haufen Schuhe und eine geheimnisvolle Schachtel mit Accessoires. Ich will einen kleinen Wonneschauer erleben, wenn ich die Schranktüren aufziehe, und möchte mich durch meine Anziehsachen wühlen und den Thrill der Entdeckerfreude spüren können.

«Dieses Bambi-T-Shirt hatte ich ja vollkommen vergessen!», rufe ich dann und halte mir das Oberteil an, während meine Töchter entsetzte Blicke wechseln.

«Diesen Overall habe ich seit Jahren nicht getragen», kreische ich – während in mir schon der Entschluss reift, dass ich ihn wieder anziehen werde –, erkenne dann einmal mehr, dass ich darin wie eine Bauernmagd aussehe, und lege ihn für ein weiteres Jahrzehnt auf Halde.

«Ich erinnere mich an diese Schuhe!», brülle ich. Ich ziehe sie an und stolziere den ganzen Tag in regenbogenfarbenen Plateausandalen herum, die ich mal in einem Urlaub aus einer Laune heraus gekauft habe und die sich genau einmal im Jahr gut anfühlen.

Kleider sind viel verlockender, wenn sie unerwartet ausgegraben werden, als wenn sie gut sichtbar dahängen. Ein effizient geordneter Kleiderschrank mag Zeit sparen, aber ein unaufgeräumter Schrank ist eine wahre Schatztruhe.

Zeitstrahl: Den Kleiderschrank organisieren
16:20 Uhr: Kehre mit einem neuen T-Shirt heim. Es war ein Schnäppchen! Ich bin entzückt über meinen Kauf.

16:25 Uhr: Stopfe mein T-Shirt in meinen Schrank, zwischen eine Bomberjacke und eine Strickweste. Meine Kleider sind das reinste Chaos. T-Shirts sind auf links gedreht. Jacken hängen zerknittert auf Bügeln. Ein Haufen T-Shirts balanciert auf einem Regal. Eine Jogginghose liegt auf dem Schrankboden neben einer Nylonstrumpfhose und einem einzelnen Schuh.

16:30 Uhr: Starre auf meine Klamotten und dann auf die Uhr. Noch eine Stunde, bis ich Abendessen machen muss. Beschließe, den Kleiderschrank rasch aufzuräumen.

16:40 Uhr: Werfe den Haufen T-Shirts aufs Bett und hänge sie beschwingt auf Bügel wie eine Verkäuferin bei Zara. Stutze, um ein hellblaues T-Shirt zu betrachten, das ich seit sechs Monaten nicht anhatte. Beschließe, es nie wieder zu tragen, und werfe es übermütig auf den Boden, während mir die Brust schwillt vor minimalistischem Stolz. Ich entrümpele meinen Schrank bis auf die Basics!

17:02 Uhr: Gehe zu den Hosen über. Ziehe sie alle aus dem Schrank und werfe sie aufs Bett, zusammen mit ein paar Jacken, die irgendwie in der Hosenabteilung meines Schranks gelandet sind.

17:11 Uhr: Trete einen Schritt zurück, um den Raum ins Auge zu fassen. Wow. Auf dem Bett liegt ein Haufen Klamotten. Fange an, mir zu wünschen, dass ich das hier gar nicht erst angefangen hätte.

17:22 Uhr: Habe alle Hosen fein säuberlich auf Bügel aufgehängt und nehme jetzt die Jacken in Angriff. Erkenne, dass mir ein Bügel fehlt, was ein Problem ist. Löse das Problem, indem ich entscheide, dass mir meine Jeansjacke nicht mehr passt. Werfe sie auf den Haufen für die Kleiderspende und verwende den Bügel für meinen Regenmantel.

17:32 Uhr: Meine Hosen, Jacken und T-Shirts hängen jetzt schön ordentlich im Schrank. Meine Pullis, Blusen, Unterwäsche und Pyjamas sind noch das totale Chaos. Ich bin so weit gekommen, ich könnte es jetzt zu Ende bringen. Ziehe alle verbliebenen Kleidungsstücke heraus und lasse sie auf den Boden fallen.

17:33 Uhr: O Gott, was habe ich getan? Ich wate knietief in Klamotten! Werde plötzlich von einer Welle niederschmetternder Erschöpfung überrollt. Ich will das hier nicht mehr.

17:44 Uhr: «Mum, wann gibt's Abendessen?», ruft mein Sohn. Sehe auf den Berg Kleider, der darauf wartet, weggeräumt zu werden. «Bald», rufe ich zurück. Es wird *nicht* bald Abendessen geben.

18:01 Uhr: Habe es vollbracht, fast die Hälfte meiner Anziehsachen ordentlich zurück in den Schrank zu verfrachten. Außerdem hasse ich meine Kleider. Ich hasse auch meine Schuhe, mein Schlafzimmer und diesen ganzen Tag sowie mich selbst, weil ich den Schrank überhaupt geöffnet habe.

18:20 Uhr: «Mum, ich habe wirklich Hunger», ruft meine Tochter. «Können wir bald essen?» – «Eine Minute noch!», antworte ich. Es wird *nicht* in einer Minute Abendessen geben.

18:40 Uhr: Werfe einzelne Kleidungsstücke mit Todesverachtung zurück in meinen Schrank. Alles, was ich in den letzten fünf Monaten nicht getragen habe, landet auf dem Ausschusshaufen, ohne dass ich noch einmal darüber nachdenke. Ich entsorge ein Paar marineblaue Sandalen, ein langärmeliges lilafarbenes Oberteil, eine hellgraue Leggings und einen pinkfarbenen Flauschpulli. Ich entrümple! Ich minimiere! Ich lege eine *Capsule Wardrobe* an! Ich werfe Kleider weg, damit ich sie nicht wieder aufhängen muss!

18:52 Uhr: «Mum, ich verhungere!», jammert meine Tochter. Hieve den letzten Haufen Klamotten auf den Boden meines Kleiderschranks und drücke die Tür fest zu.

18:57 Uhr: Die Kinder sehen kränklich aus. «Wir bestellen was», beschwichtige ich sie.

Nächster Tag, 9:15 Uhr: Bringe die Ausschussklamotten zur Kleiderspende. Fühle mich tüchtig und bin stolz. Es sind schöne Sachen dabei! Ein paar Glückspilze werden sie lieben!

Zwei Tage später, 8:00 Uhr: Ist kühl geworden. Suche nach meinem pinkfarbenen Flauschpulli. Ich habe ihn seit Ewigkeiten nicht mehr getragen!

8:07 Uhr: Mir fällt ein, dass ich meinen Flauschpulli weggegeben habe. Bereue es zutiefst. Vielleicht kann ich stattdessen meine Jeansjacke anziehen?

8:12 Uhr: Mir fällt ein, dass ich ja auch meine Jeansjacke ausgemustert habe. Schüttle den Kopf über meine eigene Dummheit und greife mir ein Kapuzenshirt vom Boden meines Kleiderschranks.

Zwei Wochen später, 11:13 Uhr: Kaufe eine neue Jeansjacke.

Eine Speisekammer sagt mehr als tausend Worte

Trotz meiner Karriere als Homemanagement-Influencerin habe ich im wahren Leben noch nie eine durchgestylte Speisekammer gesehen. Niemand aus meinem engsten Freundeskreis hat eine schön gestylte Speisekammer, vermutlich weil alle so eifrig an ihren Karrieren stricken, Kinder aufziehen und Memes in unserer WhatsApp-Gruppe posten müssen.

Schon möglich, dass ich einmal in einem Haus mit einer inspirierenden Designerspeisekammer war, aber nicht in die Küche gegangen bin, um nachzusehen. Das wäre unhöflich, als würde man sich ins Schlafzimmer eines anderen schleichen, um seine Garderobe zu inspizieren, oder in sein Badezimmer, um seine Kommoden zu durchwühlen. (Um ehrlich zu sein, habe ich Letzteres schon getan, aber ich war auf der Suche nach Klopapier.)

Ich habe allerdings viele Fotos von formvollendeten Speisekammern gesehen, die meistens ungefragt auf Instagram aufpoppten. Obwohl Stilrichtung und Einzelheiten variieren, sehen sie alle bemerkenswert ähnlich aus, und sie alle folgen demselben Leitprinzip: umfüllen.

Ja, jedes einzelne Lebensmittel in einer Designerspeisekammer ist umgefüllt. Die trockenen Lebensmittel werden in identisch aussehende Gläser gefüllt. Die Dosen und kleinen Pakete gibt man in größere Weidenkörbe oder – in einer modernen Speisekammer – in große, durchsichtige Plastikbehälter. Selbst Gewürze kommen in ihre eigenen Gewürzbehälter, obwohl Gewürze ja *bereits in Gefäßen verkauft* werden.

Da die Gläser und Körbe und Plastikbehälter identisch aussehen, kann man sie durch beschriftete Etiketten voneinander unterscheiden. Diese Eitketten werden in klassischer weißer oder schwarzer Schönschrift auf einem kontrastierenden Hintergrund beschriftet. Auf dem Zucker steht «Zucker». Auf den Keksen steht «Kekse». Auf den Trockenfrüchten steht «Trockenfrüchte». Auf dem Mehl steht «Mehl (mit Backpulver)», «Mehl (einfach)» und «Mehl (glutenfrei)». (Jede Speisekammer, die auf sich hält, bietet glutenfreie Alternativen, ebenso wie laktosefreie, zuckerfreie, nussfreie und vegane Alternativen.) Die einheitlichen Gläser und weißen Weidenkörbe stehen in Reih und Glied da, die Etiketten nach vorn gedreht.

Solche Speisekammern sehen sagenhaft ordentlich und wunderbar elegant aus, aber da ich der #speisekammer auf Instagram folge, habe ich viele drängende Fragen zu ihrer Funktion.

Zunächst einmal ist das Umorganisieren der Speisekammer extrem aufwendig für solch einen privaten häuslichen Bereich. Eine Speisekammer dient der Aufbewahrung von Gewürzgurken und Thunfisch und Nudeln und Marmelade. Sie ist kein Wohnzimmer oder Gästebad und auch kein Hintergrund für deine Zoom-Konferenzen (es sei denn natürlich, du gibst ein Interview über deine Speisekammer). Es ist das eine, einen Raum auf Vordermann zu bringen, der der Öffentlichkeit zugänglich ist. Es ist das andere, einen Bereich, den nur sehr wenige Menschen zu Gesicht bekommen, generalzuüberholen. Sich eine Designerspeisekammer anzuschaffen, ist ein bisschen, wie deine Bikinizone zu rasieren, wenn du Single mitten in einem pandemischen Lockdown bist. Warum um Himmels willen sollte ein gottverlassener Winkel bloß so schonungslos aufgepimpt werden?

Außerdem: Warum sind Speisekammerdesigner nur so besessen davon, alles in Behältnisse und Gefäße umzufüllen? Was ist das für eine Angst vor der ursprünglichen Packung? Schmeckt ein Schokokeks besser, wenn er ausgepackt und in ein Glas umgebettet wurde, bevor er herausgeholt und gegessen wird? Oder ist die ganze Umfüllerei einfach eine List, die es Speisekammerbesitzern erlaubt, gewöhnliche Schokokekse zu kaufen und sie als Topmarkenprodukt von bester Qualität auszugeben?

Und wie bewerkstelligen die Besitzer von Designerspeisekammern all dieses obsessive Umfüllen? Es macht das Leben doch sicher viel schwieriger und komplexer? Zusätzlich zum Einräumen der Wocheneinkäufe müssen sie auf ihre To-do-Liste der Hausarbeiten noch «Lebensmittel umfüllen» und «Alle Behälter in Reih und Glied stellen» schreiben. Ich finde es schon ermüdend, meine Einkäufe vom Wagen ins Haus zu bringen, sie in die Speisekammer zu räumen und die Tür fest zuzumachen. Wenn ich den Kakao in sein spezielles «Kakao»-Behältnis oder jede Packung Trockenfrüchte in ein extra dafür gedachtes «Trockenfrüchte»-Glas geben müsste, würde ich das Einkaufen vielleicht ganz aufgeben.

Zudem kommt mir die Logistik des Nachfüllens extrem kompliziert und nervenaufreibend vor. Nehmen wir zum Beispiel das Mehl (mit Backpulver, normal oder glutenfrei). Wartet der gemeine Speisekammerbesitzer, bis jedes Gefäß vollkommen leer ist, bevor er ein neues Paket Mehl öffnet und einfüllt? Oder füllt er es immer wieder auf, sodass das alte, ungebrauchte Mehl bis in alle Ewigkeit am Boden vor sich hin schmachtet? Verkrustet eine zentimeterdicke, jahrzehntealte Mehlschicht voller Mottenlarven unten in jedem liebevoll etikettierten Vorratsgefäß vor sich hin?

Wie merkt man sich das Verfallsdatum jeder Charge Mehl, sobald man die Originalpackung weggeworfen hat? Und gibt es ein eigenes Regal für all die Vorräte, die noch nicht in Gefäße umgefüllt wurden? Oder eine eigene Speisekammer? Oder einen Lagerbereich in der Garage? Oder einen eigenen Raum im Haus?

Drittens (oder viertens? Oder fünftens? Ich habe ein wenig den Überblick über die Fragen verloren): Wie benutzerfreundlich ist eine Designerspeisekammer? Erleichtern es uns all diese Reihen von identischen Gläsern und Weidenkörben, etwas Bestimmtes zu finden? Wenn ich Schokoladenkekse suche, überfliege ich die Lebensmittel in meiner Speisekammer, bis ich bei der Packung mit dem Foto der Schokoladenkekse lande. Dieses Foto zeigt mir hilfreicherweise, dass die Packung Schokoladenkekse enthält und nicht, sagen wir, glutenfreies Mehl. Ist es wirklich effizienter, siebenundzwanzig identische Behälter nach dem einen abzusuchen, der das Etikett «Schokokekse» trägt? Ich denke nicht!

Außerdem widerstrebt eine bis ins Kleinste geordnete und systematisierte Speisekammer unseren menschlichen Grundinstinkten. Wir sind von Natur aus Jäger und Sammler; uns ist nicht in die Wiege gelegt, die Hände auszustrecken und sofort einen Snack in die Finger zu bekommen. Eigentlich ist vorgesehen, dass wir ein bisschen herumstöbern, tun, was nötig ist, und das erjagen, was wir brauchen.

Wenn ich einen Keks will, muss ich mich in meiner Speisekammer umsehen, etwas weiter hinten, unter dem Katzenfutter, hinter der Familienpackung Pasta, neben der Überraschungspackung Gummischlangen, die ich schon längst vergessen hatte. Meine Suche nach der Packung Kekse ist eine Herausforderung, aber am Ende ein Genuss, und sie gibt mir das Gefühl, dass ich mir die Leckerei verdient habe. Das ist natürlich. Intuitiv. Ein wahres Geschenk!

Natürlich ist nichts falsch daran, eine formvollendet eingerichtete Speisekammer zu haben. Speisekammern sind äußerst wichtig, denn sie enthalten Essen. Essen ist äußerst wichtig, denn es ist köstlich, und ohne Essen wären wir sehr hungrig. Aber allein der Umstand, dass eine Speisekammer durchgestylt ist, macht sie nicht zu einer Inspiration. Du kannst keinen Weidenkorb essen oder ein kalligrafisch beschriftetes Etikett trinken, egal, wie schön die Schrifttype ist. Und du kannst die teuerste und ordentlichste Speisekammer der Welt haben, aber wenn darin nur Linsen, Reiskräcker und Quinoa aufbewahrt werden, dann ist das wirklich ein trauriger Lebensmittelvorrat.

Es gibt nur einen Weg, eine formvollendete Speisekammer anzulegen, die deine Familie und Freunde bewundern werden, und dafür wirst du natürlich nichts umfüllen müssen. Du musst nur in den Supermarkt gehen und die richtigen Zutaten besorgen.

Zutaten für eine formvollendete Speisekammer
- Schokoladentafeln
- Schokolinsen
- Schokokekse
- Gummischlangen
- Cornflakes
- Nussnougatcreme
- Chips
- schwarze Oliven
- Crunchy-Erdnussbutter
- Schokotopping (für Eiscreme aus dem Tiefkühlfach)
- Kräcker (für den Käse im Tiefkühlfach)
- wirklich guten Kaffee (für die Kaffeemaschine)
- schwarzen Tee
- zuckerfreie Vanillecola
- Kiste mit verschiedenen Weinen
- Gin
- Tonic Water (für den Gin)
- Weidenkorb (ha, war nur ein Scherz!)

Zeitstrahl: Großreinemachen in der Speisekammer
9:12 Uhr: Schaue in meinen Terminkalender. Habe bis Geschäftsschluss zu arbeiten. Setze mich mit meinem

Computer an den Küchentisch, öffne ein Word-Dokument und starre auf den Bildschirm.

9:20 Uhr: Werfe einen Blick zur Speisekammer. Die Tür steht offen. Kann sehen, dass da drin Chaos herrscht. Was keine Überraschung ist. In der Speisekammer herrscht immer Chaos. Stehe auf und mache die Tür zur Speisekammer zu.

9:21 Uhr: Gehe in die Speisekammer, bemerke einige Krümel auf dem zweiten Regal. Wieder keine Überraschung. Es liegen oft Krümel auf dem Regal. Dies ist eine Speisekammer. Dort werden Lebensmittel aufbewahrt, die krümeln. Schließe die Tür.

9:25 Uhr: Sitze am Rechner. Kann mich nicht konzentrieren. Diese Arbeit ist ermüdend. Und außerdem liegen Krümel in meiner Speisekammer. Wie kann ich arbeiten, wenn Krümel in meiner Speisekammer liegen? Beschließe, mich aufzuraffen und die Krümel zu entfernen. Dann kann ich mich wieder konzentrieren.

9:43 Uhr: Wische die Krümel weg. Bewege mich von Regal zu Regal mit ruhiger Entschlossenheit. Lächle maliziös einem Häufchen Cornflakes zu, während ich es in meine Hand wische. Alles geht gut. Bald werde ich an meine Arbeit zurückkehren können, und meine Speisekammer wird schön sauber sein.

9:50 Uhr: Bemerke eine krustige Dose Sahnemais. Warum habe ich Sahnemais gekauft? Niemand mag Sahnemais. Ich sehe, dass die Dose vor achtzehn Monaten abgelaufen ist. Eklig! Beschließe, die Mindesthaltbarkeitsdaten aller Dosen in meiner Speisekammer zu checken.

10:03 Uhr: Wow, ich habe ziemlich viele abgelaufene Lebensmittel! Ich sortiere die betreffenden Dosen und Packungen rasch aus. Bald kann ich wieder an die Arbeit gehen.

10:14 Uhr: Bemerke, dass sich hinten in meiner Speisekammer etwas bewegt. Eine Motte! Bin plötzlich so müde. Kann ich sie ignorieren? Beschließe, sie zu ignorieren.

10:15 Uhr: Es ist keine Motte. Es sind drei Motten und eine Kolonie Rüsselkäfer. Ich kann drei Motten und eine Kolonie Rüsselkäfer nicht ignorieren. Zücke das Insektenspray.

10:26 Uhr: Ich sprühe und wische endlos. Ich bin erschöpft. Werde ich je fertig werden?

10:37 Uhr: Sitze auf dem Boden. Der gesamte Inhalt meiner Speisekammer befindet sich auf dem Küchentisch. Habe Mühe, die Energie aufzubringen, alles wieder zurückzuräumen. Ich muss arbeiten. Mein Abgabetermin rückt näher. Warum habe ich bloß damit angefangen? Ich muss ein Nickerchen machen. Wen kümmert schon eine blöde Speisekammer?

10:40 Uhr: Das ist doch lächerlich. Ich werde meinen Abgabetermin versäumen! Vergiss Sauberkeit. Vergiss Ordnung. Stelle alles wahllos in die Speisekammer zurück. Ich werde es später sortieren.

10:55 Uhr: Arbeite am Küchentisch. Versuche, nicht an die unfertige Speisekammer zu denken.

11:15 Uhr: Meine Tochter kommt in die Küche und öffnet die Speisekammer. «Wow, hier herrscht ja das totale Chaos», sagt sie.

«Ja», murmle ich. «Ich sollte aufräumen.»

Klappe meinen Computer zu und lege mich aufs Ohr.

Homeoffice und Teufelszeug

Eine ganze Unterrubrik der Heimorganisation beschäftigt sich mit dem Schreibtisch im Homeoffice. (Und seit einer katastrophischen globalen Pandemie in jüngster Vergangenheit haben sehr viele Leute an Schreibtischen im Homeoffice gesessen.)

Es reicht nicht mehr, zu Hause einfach nur gute Arbeit zu leisten; du musst deine gute Arbeit an einem perfekt eingerichteten Schreibtisch leisten. Dein Arbeitsplatz muss absolut aufgeräumt und schön arrangiert sein, geschmückt mit einer Topfpflanze in der einen Ecke und ausgestattet mit Post-its, Farbmarkern, Stiftehalter und schicken Mappen aus einem gut sortierten Schreibwarengeschäft.

Warum? Nun, den Ordnungs-Influencern zufolge brauchen wir einen aufgeräumten Schreibtisch, um die bestmögliche Arbeit leisten zu können. Ein unordentlicher Schreibtisch, so ihre vehement vertretene Hypothese, ist ein Zeichen eines unaufgeräumten Geistes.

Nun könnte ich überzeugend dagegenhalten – und das habe ich auch schon getan –, dass das nicht stimmt. Ich könnte anführen, dass ein unaufgeräumter Schreibtisch in Wahrheit ein Zeichen eines *produktiven* Geistes ist – des Geistes einer Person, die viel zu beschäftigt und erfolgreich ist, um Papier ordentlich zu stapeln.

Stattdessen möchte ich fragen: Wenn das wirklich zutrifft, was ist dann falsch an einem unaufgeräumten Geist?

Ein unaufgeräumter Geist ist kreativ. Ein unaufgeräumter Geist ist voller Gedanken! Ein unaufgeräumter Geist kann auf einen Joghurtbecher starren, übergangslos in die Erinnerung an einen Horrorfilm über Tausendfüßler abtauchen, rasch grübeln, ob die Katze entwurmt wurde, und dann den Kreis schließen mit

Betrachtungen darüber, was auf den Abendbrottisch kommen soll. Wenn ein unaufgeräumter Schreibtisch ein Zeichen für einen unaufgeräumten Geist ist, dann werde unaufgeräumt, würde ich sagen. Schütte deinen Schreibtisch mit Müll zu und schnall dich an, bevor die Reise losgeht.

Es gibt jede Menge Dinge, die einen Schreibtisch unordentlich aussehen lassen können: Stifte, Büroklammern, Kaffeetassen, kleine Plastikgiraffen und alle möglichen Bücher. Und während #deskinspo-Organisatoren wollen, dass sich *all* diese Gegenstände an ihrem rechtmäßigen Platz befinden, fasziniert sie besonders die Frage, wie man ein bescheidenes Stück Papier richtig arrangiert.

Denn innerhalb der Unterrubrik Schreibtischorganisation gibt es die noch unterere Unterunterrubrik des ambitionierten Ablegens. Sie konzentriert sich ausschließlich darauf, einzelne Papiere von deinem Schreibtisch zu schaffen. (Oder, wie in meinem Fall, vom Flurtisch, Esstisch, der Küchenbank, meinem Nachttischchen und dem Boden.)

Ich kann mich über Bürokram sehr aufregen. Ihn hat wirklich der Teufel gesehen. Bürokram ist ein satanisches Abfallprodukt unserer modernen Welt, genau wie Plastikflaschen, Mikroplastik und Atomkriege. Aber dem leidenschaftlichen Heimorganisator – und besonders dem #deskinspo-Influencer – bietet Bürokram das reinste Erlebnis des Aufräumens. Schließlich existieren Kleider, damit man sie trägt, Spielsachen, damit man mit ihnen spielt, Speisekammerinhalte, damit man sie isst, und Bücher, damit sie Besuch beeindrucken. Bürokram kommt hingegen in die Welt, um einfach nur abgelegt zu werden. Man kann buchstäblich nichts anderes mit einem Schriftstück tun, als darüberzuschauen, es zärtlich in einem Ordner abzuheften und diesen Ordner sanft in einen Aktenschrank zu schieben.

Doch trotz der Schlichtheit von Bürokram und seiner – ich darf wohl sagen – entsetzlichen Langweiligkeit kennen die Heimorganisatoren eine Fülle an Modi, wie man Schriftstücke in Ordnern ablegen kann. Man kann sie alphabetisch einordnen, nach Zahlen, Betreff, Thema, Wichtigkeit oder nach dem Ordner, der dir am nächsten ist.

Alternativ kannst du es auch esoterisch angehen und das Tickler-43-System anwenden.

Trotz dieses fabelhaften Namens ist Tickler 43 weder eine Boyband noch ein Sexspielzeug, ein Turbomopp, eine Sekte oder ein Virus, das fürchterlich juckt. Tickler 43 ist ein sehr berühmtes Organisationssystem, mit dessen Hilfe du deine Schriftstücke unter Kontrolle bringen kannst. (Um das klarzustellen: Es ist nicht in dem Sinn berühmt, wie Justin Bieber oder Prinzessin Diana berühmt sind. Niemand hängt sich Poster von Tickler 43 an die Wand oder lässt sich «Tickler 43» auf die Brust tätowieren oder schreibt Fan-Fiction über

Tickler 43. Dennoch ist es sehr bekannt in Ablagekreisen und hat seinen eigenen Wikipedia-Eintrag.)

Die «43» bezieht sich auf die Anzahl von Ordnern in diesem System. Zwölf Ordner stehen für die zwölf Monate des Jahres und die übrigen einunddreißig Ordner für die einzelnen Tage des Monats. Dein Schriftstück wird in eine Mappe gesteckt und diese wiederum in den passenden Monat und Tag geschoben. Du checkst die Ordner jeden Morgen und verschiebst sie im Laufe der Wochen immer weiter ... und ehrlich gesagt wurde mir an diesem Punkt meiner Recherchen ganz schwindelig im Kopf, und ich musste eine Pause machen und mich hinlegen.

Ich bin mir sicher, dass es Leute gibt, die viel Papier haben und es genießen, es in einer Vielzahl von Ordnern herumzuschieben. Aber für diejenigen unter uns, die keine Bürokram-Macke haben, bedeutet das Tickler-System viel mehr Arbeit, als es Arbeit wettmacht. Es verlangt fortwährende Pflege und Aufmerksamkeit und gibt einem sehr wenig zurück. Ja, es kann dir fünf Minuten Zeit im Jahr sparen, wenn du deine Kfz-Zulassung suchst, aber um diese fünf Minuten zu sparen, wirst du jeden Monat Stunden brauchen, um die einzelnen Schriftstücke von Ordner zu Ordner zu schubsen.

Als jemand, der bei einem unordentlichen Schreibtisch geradezu aufblüht («aufblühen» im Sinne von «kriegt die Arbeit am Ende des Tages erledigt»), kann ich dir versichern, dass ausgeklügelte Ablagesysteme im

Hinblick auf die Produktivität unnötig sind. (Ich kann dir ebenfalls versichern, dass kleine Plastikgiraffen effizientes Arbeiten nicht im Mindesten behindern.) Ein unaufgeräumter Schreibtisch kann seine eigene innere Logik haben, selbst wenn er auf Außenstehende chaotisch wirkt.

Meine maßgeschneiderten Ablagesysteme wurden in jahrelanger Arbeit im Homeoffice vervollkommnet. Ich stopfe meine Arbeitsdokumente in eine braune Versandmappe auf meinem Schreibtisch und bediene mich einer Methode, die ich «großer, praller Ordner» nenne. Ich lasse meine ungeöffnete Post in einem Stapel auf dem Flurtisch liegen, eine Methode, die bei mir unter «die Korrespondenz ruhen lassen» läuft. Und ich verstaue meine persönlichen Dokumente in einer Schublade in der Kommode, weil die Schublade leer war und sie irgendwohin mussten. Mein Schreibtisch mag unaufgeräumt sein, aber ich weiß, wo was ist, und ich finde alles, indem ich mich durch sämtliche Schriftstücke wühle. Die wichtigen Dinge sind in der Nähe, die weniger wichtigen weiter weg, und was ich nicht brauche, liegt in der Schublade.

Natürlich ist das gelegentlich tückisch, wenn ich ein altes Dokument finden muss, das seit fünf Jahren in der Schublade vor sich hin modert. Aber wie oft suche ich schon ein altes Dokument? (Die Antwort lautet «wirklich selten».) Absolut alles außer meinem Pass ist heutzutage digitalisiert, und mein Pass wird jeden

Moment wieder auftauchen. Schriftstücke existieren doch bloß als Sicherung für den Fall, dass das Internet gesperrt wurde und die ganze moderne Welt aus den Fugen gerät. Und im unwahrscheinlichen Fall einer digitalen Apokalypse werde ich mir keine Sorgen um meine Dokumente machen. Ich werde Pullover stricken, Munition horten und mein eigenes Getreide im Garten anbauen.

Du hast Besseres zu tun, als deine Rechnungen in Unterordner zu stecken, und viel Besseres, als diese Unterordner in Ablagen einzusortieren. Denk daran, dass einige der klügsten Menschen der Welt sehr unaufgeräumte Schreibtische haben, und einige der ordentlichsten Menschen hassen kleine Hunde. Und ja, ich besitze Beweise, dass das zutrifft, aus einer wissenschaftlichen Studie. Ich würde sie dir ja zeigen, aber ich habe meine Notizen verlegt. Ich bin mir sicher, dass sie hier irgendwo auf meinem Schreibtisch liegen.

Das Handtaschenexperiment

Die Organisationsindustrie und vor allem die großen Entrümpler geben sich nicht damit zufrieden, nur unser Zuhause umzugestalten. Sie wollen ihre sauberen, minimalistischen Klauen auch in dieses kleine Stückchen Zuhause schlagen, das wir den ganzen Tag mit uns herumtragen: unsere Handtasche.

Offensichtlich sollen auch unsere Handtaschen bis auf einige wesentliche Dinge komplett ausgemistet werden. Wir sollen glauben, dass das jede Menge Zeit sparen und unser Leben so viel effizienter machen wird. Allerdings ... ist der einzige Sinn einer Handtasche, Sachen herumzuschleppen, und je mehr Sachen du herumschleppst, desto besser. Wie lange kann es außerdem dauern, deinen Lippenstift oder deine Schlüssel in einer Handtasche zu finden? Sie ist ja keine Bibliothek oder ein Bahnhof. Sie ist ein Beutel, den du über der Schulter trägst.

Selbst in meinen wildesten und fehlgeleitetsten Entrümpelungstagen hätte ich nie auch nur von dem Versuch geträumt, meine kostbare Handtasche zu organisieren. Allein die Vorstellung von einer schlanken und spartanischen Handtasche ist grotesk. Dennoch bin ich absolut unvoreingenommen, und als ich auf ein Online-Tutorial mit dem Titel «Wie du deine Handtasche organisierst» stieß, beschloss ich, zu Forschungszwecken einen Versuch zu wagen.

Anmerkung des Lektorats: Tatsächlich wurde die Autorin angefragt, ein Tutorial mit dem Titel «Wie du einen gründlichen Frühjahrsputz in nur 100 Stunden schaffst» abzuhalten, doch sie lehnte ab und bot stattdessen dieses Handtaschenexperiment an.

Wie du deine Handtasche organisierst: Ein Tutorial

Schritt 1: Hol alles aus deiner Handtasche heraus
Das habe ich getan. Ich habe den Inhalt meiner Tasche auf den Tisch geleert. Heraus kamen all meine persönlichen Gegenstände und Kosmetika und Karten, zusammen mit dem übrigen Treibgut, das sich im letzten Jahr angesammelt hat, plus genug Krümel, um eine Vogelfamilie eine Woche lang durchzufüttern. Meine einst so stolz geschwellte Tasche sah eingefallen und traurig aus, wie ein Schwimmflügel, aus dem man die Luft gelassen hat. Ich hätte meiner Tasche am liebsten versichert, dass sie bald wieder voll und glücklich sein würde, aber ich bin eine Frau mit gesundem Menschenverstand und spreche nicht mit Handtaschen, daher tätschelte ich sie nur sanft und machte weiter mit Schritt 2.

Schritt 2: Schau dir deine Sachen an
Ich schaute mir meine Sachen an, und offen gestanden erfüllte mich dieser Anblick mit Stolz. Da lag alles, was ich nur brauchen konnte, wenn ich weg von zu Hause war, und viele zusätzliche Gegenstände, die ich überhaupt nie brauchen würde! Es gab auch ein paar erfreuliche Überraschungen, von denen ich komplett vergessen hatte, dass ich sie besaß. Ich fühlte mich wie ein Kind, das ein Überraschungsei auspackt und das niedliche Plastikspielzeug darin entdeckt.

Aber was war denn nun in meiner Handtasche? Neben den handtaschenüblichen Inhalten wie Kreditkarten, Bargeld, Kundenkarten und unbezahlten Parktickets fanden sich dort:

- Frauenhygieneprodukte für alle Eventualitäten.
- Paracetamol und Heftpflaster für medizinische Notfälle.
- Rescue-Tropfen für emotionale Notfälle.
- Ein Müsliriegel für Hungernotfälle.
- Eine Pinzette für den Fall, dass ich beim Blick in den Rückspiegel ein fieses Haar zwischen meinen Augenbrauen entdecke.
- Taschentücher für diese schrecklichen Momente in öffentlichen Toiletten, wenn ich merke, dass kein Klopapier da ist.
- Lippenstift, Concealer und Mascara für den Fall, dass ich im Supermarkt meinen Ex-Freund am Kühlregal entdecke und mein Make-up auffrischen will, bevor er mich bemerken und darüber triumphieren kann, dass ich mich seit unserer Trennung wirklich habe gehenlassen.
- Eine Sonnenbrille.
- Eine Lesebrille.
- Zwei weitere Lesebrillen!
- Diverse Tütchen Zuckerersatz für diese leidvollen Besuche in Bio-Cafés, die nichts mit künstlichen Süßstoffen am Hut haben.
- Diverse Kassenzettel für Kleider, die ich wahr-

scheinlich nicht hätte kaufen sollen und eines Tages vielleicht wieder umtauschen werde.

- Ein kleines Plastikmännchen, das wahrscheinlich aus einem Überraschungsei stammt.
- Etwas Eingewickeltes und Klebriges, das wahrscheinlich mal eine Süßigkeit war.
- Ein Schlüssel zu ... irgendetwas?
- Eine kleine Tube Handcreme mit Vanilleduft aus einem sehr hübschen Laden.
- Eine abgelaufene Flasche Augentropfen.
- Ein Zahnstocher, der ganz offensichtlich mehr als einmal benutzt wurde.
- Ein einzelner Ohrring.
- Ein Zettel, den ein Nachbar an meinem Auto hinterlassen hat: *Genial geparkt, dumme Kuh* (die netteren Ausdrücke stammen von mir).
- Vier Nagelfeilen.
- Diverse Wattestäbchen in verschiedenen Stadien des Zerfalls.
- Kopfhörer.
- Noch eine Lesebrille!

Schritt 3: Beseitige, was du nicht brauchst
Okay, dieser Schritt war vertrackt. Was um Himmels willen brauchte ich nicht? Die meisten Gegenstände waren nützlich, und die, die nicht nützlich waren, hatten eine Bedeutung für mich, und die, die nicht nützlich waren und keine Bedeutung für mich hatten, waren un-

terhaltsam, und die, die nicht nützlich und nicht unterhaltsam waren und keine Bedeutung für mich hatten, waren das abgelaufene Fläschchen Augentropfen, die Krümel und eine der vier Lesebrillen. (Ich dachte, dass es wichtig sei, mindestens zwei in der Handtasche zu belassen; eine einzige Lesebrille bei sich zu tragen, stellt ein unnötiges Risiko dar.)

«Sei unbarmherzig», hieß es in dem Video, also seufzte ich und nahm mir den Inhalt meiner Handtasche noch einmal vor. Ich konnte den Ohrring in mein Schmuckkästchen zurücklegen, aber was, wenn ich irgendwo unterwegs einen Ohrring verlor und schnell Ersatz brauchte? Ich konnte den Schlüssel aus der Tasche nehmen, aber ich hatte keine Ahnung, was er aufschloss, und so hatte ich auch keine Ahnung, wann ich ihn wieder brauchen würde. Und ich konnte die Kassenzettel ablegen, aber ich hasse Ablage inbrünstig, daher beschloss ich, auch sie an Ort und Stelle zu belassen.

Blieb noch die *Dumme-Kuh*-Nachricht, aber sie war zu romantisch zum Entsorgen. Außerdem das Plastikmännchen, bei dessen Anblick ich lächeln musste, daher ließ ich es in unser Bücherregal übersiedeln, wo es jetzt ziemlich zufrieden wirkt. Und dann war da noch das klebrige Etwas, das wahrscheinlich mal eine Süßigkeit gewesen war, daher steckte ich es probehalber in den Mund. Ich hatte recht! Es war tatsächlich mal eine Süßigkeit! Ich hätte sie besser in der Handtasche gelassen.

Das war's also. Alle anderen Gegenstände behielt ich. Allerdings ersetzte ich den Zahnstocher durch einen neuen. Einen weiteren Gebrauch hätte er wohl nicht mehr überstanden.

Schritt 4: Fasse die kleinen Gegenstände nach Rubriken zusammen und gib sie in kleine Beutel
Ich teilte die kleineren Gegenstände in Häufchen ein: medizinisch-hygienische Objekte (Tabletten, Wattestäbchen, Zahnstocher etc.), Brillen, Make-up, Drohbriefe und Vermischtes. Dann gab ich die einzelnen Häufchen in kleine Kosmetiktaschen. Zum Glück hatte ich ja einige Kosmetiktaschen in meinem Schlafzimmer, da ich nicht mehr ausmiste.

Schritt 5: Lege alles zurück in die Handtasche
Hm. Ich will nicht respektlos erscheinen, aber dieser Schritt war doch von vornherein klar.

Und? Wie hat mir das Aufräumen meiner Handtasche gefallen?

Nun, meine aufgeräumte Handtasche war schrecklich effizient und funktionierte ganze neun Minuten lang hervorragend. In der zehnten Minute brauchte ich meinen Lippenstift, den ich anschließend zurück in die Handtasche warf und nicht in die entsprechende Kosmetiktasche, in die er gehörte. Ich bin eine vielbeschäftigte Frau! Ich habe keine Zeit, Sachen in kleine

Beutel zu legen. Binnen einem oder zwei Tagen hatten alle Gegenstände ihren Beutel verlassen und flogen zusammen in der Tasche herum, mit Ausnahme der Nachricht, in der ich *dumme Kuh* genannt wurde und bei der ich irgendwie keinen Grund gesehen hatte, sie wegzuwerfen.

Obwohl ich der Theorie der aufgeräumten Handtasche einiges abgewinnen kann, kenne ich drei Gründe, warum eine unaufgeräumte Handtasche viel befriedigender ist:

1. Eine aufgeräumte Tasche ist durchaus brauchbar, aber eine unaufgeräumte Tasche ist eine Art fröhlicher Glückstopf unter deinem Arm. Du suchst nach deinen Kopfhörern oder einer Nagelfeile oder deinem Hausschlüssel und förderst aber etwas ganz anderes zutage. Möglicherweise entdeckst du ein Bonbon oder irgendein Schmuckstück oder sogar das poetische Schriftstück eines Nachbarn. Es findet sich immer etwas zu essen. Es finden sich auch immer kostbare Erinnerungen, in denen du schwelgen, oder kleine Hilfsmittel, mit denen du Körperpflege betreiben kannst, wenn du am helllichten Tag im Stau stehst. Der Thrill eines unerwarteten Fundes ist jede Extraminute wert, die es dauert, den Gegenstand aufzustöbern, den du eigentlich gesucht hast.

2. Eine aufgeräumte Tasche ist ein ambitioniertes Unterfangen, aber eine unaufgeräumte Tasche könnte

dir durchaus das Leben retten. Ich habe genug Katastrophenfilme gesehen, um zu wissen, dass plötzliche, verheerende Ereignisse zwingend eintreten, wenn du nur mit deinem Lieblingskind und deiner Handtasche im Auto unterwegs bist. Willst du mitten in eine Alien-Invasion oder Zombie-Apokalypse geraten, während du nur dein Handy und deine Schlüssel bei dir hast? Oder willst du hineingeraten, während du eine Monatsration Medikamente, eine breite Auswahl an Essbarem, jede Menge Damenhygieneprodukte, ein paar Wattestäbchen und eine kleine Plastikfigur bei dir hast?

3. Eine aufgeräumte Tasche ist ein Modestatement, aber eine unaufgeräumte Tasche hat Charakter. Jeder kann eine gewöhnliche Geldbörse und eine gewöhnliche Sonnenbrille in einen gewöhnlichen Beutel stecken. Aber es ist ein veritables Individuum vonnöten, um einen jahrealten Müsliriegel, einen beliebigen Schlüssel und ein untragbares Schmuckstück herumzuschleppen. Willst du, dass deine Handtasche die unterdrückte Ästhetik eines #organisiertetasche-Influencers widerspiegelt, oder willst du, dass sie das schrullige und hemmungslose Wunder widerspiegelt, das du bist?

Ein Wort über unaufgeräumte Autos

Autos gehören technisch nicht dem Bereich des Haushaltsmanagements an, daher sind sie in diesem Zusammenhang streng genommen nicht relevant. Dennoch sind Autos definitiv heimähnliche Anhängsel (in der Garage), und viele Autobesitzer sind extrem besorgt darum, dass ihr Fahrzeug sauber und aufgeräumt ist.

Dein Auto dient zwei wichtigen, aber unterschiedlichen Zwecken. Erstens und ganz offensichtlich ist dein Auto ein Transportmittel, das dich von A (in meinem Fall meinem Haus) nach B (in meinem Fall zum Supermarkt, zur Schule meiner Tochter und zu dieser Boutique zwei Vororte weiter bringt, in der es diese süßen Logo-T-Shirts gibt).

Ein Transportmittel muss nicht sauber sein, um effektiv zu sein. Du musst deinen Hammer nicht polieren, um einen Nagel in die Wand zu treiben, und du musst dein Auto nicht polieren, um von zu Hause zum Einkaufszentrum zu kommen. Dein Auto wird nicht schneller werden, wenn du es gründlich ausgesaugt hast, und die Bremsen werden nicht besser arbeiten, wenn du die Wasserflaschen aus dem Fußraum entfernt hast. (Gleichwohl werden die Bremsen gar nicht funktionieren, wenn eine Wasserflasche unter dem Pedal feststeckt, aber dieses Problem ist leicht zu beheben.)

Deine Fahrt wird nicht dadurch beeinträchtigt, dass

dein Armaturenbrett schmutzig ist, dass Hundehaare auf den Rücksitzen liegen und eine leere Tüte Chips im Getränkehalter steckt. (Es sei denn, du bist sehr hungrig, dann kann eine leere Tüte Chips eine große Ablenkung sein.) Offen gestanden sollte es keine Rolle spielen, wie der Innenraum aussieht, da du dich während der Fahrt nicht darin umsehen solltest. Du solltest deine Augen auf die Straße richten, weshalb dein Fahrzeug Fenster hat, hilfreicherweise durchsichtige, sodass du nach draußen schauen kannst. Du solltest auf die anderen Autos achten und auf Bäume und Häuser und auf Fußgängerüberwege und Stoppschilder und Leute. Du solltest auf die Ampeln achten, die grün sind, wenn du dich ihnen näherst, und dann gelb werden, wenn du an der Kreuzung angelangt bist.

Der zweite Zweck, dem dein Fahrzeug dient, ist genauso wichtig wie seine Fähigkeit, dich von A nach Boutique zu bringen. Dein Auto ist eine mobile Lagereinheit, ein Koffer auf Rädern, ein Schrank, der dir folgt, wohin du auch gehst. Es kann jede Menge Sachen aufbewahren, die du nicht im Haus haben möchtest, und all das Zeug, das du vielleicht brauchst, wenn du von zu Hause aufbrichst. Wenn dein Auto keine mobile Lagereinheit hätte werden sollen, dann hätte es keinen Kofferraum, keine Fächer in den Türen und keinen Platz unter den Sitzen! Wenn ein Auto keine mobile Lagereinheit hätte werden sollen, dann wäre es ein Motorrad oder ein Fahrrad oder ein Pferd geworden.

Dinge aus dem Fahrzeuginnenraum fernzuhalten hieße, deinem Auto seinen geheiligten Zweck zu verwehren. Zumindest sollte es eine Wasserflasche enthalten, eine Ersatzsonnenbrille, eine Packung Taschentücher, einen Regenschirm und Handdesinfektionsmittel. Es sollten sich zudem einige wiederverwendbare Einkaufstüten finden, ein Lippenstift, etwas Handcreme, eine Lesebrille und einige Snacks für den Notfall. Wenn du es richtig machen willst, sollten auch einige Kleidungsstücke für den Spendencontainer dabei sein (sie müssen sich erst im Auto akklimatisieren, bevor sie bereit für ihr neues Zuhause sind), einige Bücher, die du wirklich und wahrhaftig zu stiften vorhast, ein altes Paar Laufschuhe für den Fall, dass du einmal aussteigen und losrennen musst, und ein kleines Spielzeug, das jemand mal im Auto liegen gelassen hat und das jetzt zum Dauerinventar gehört. (Unseres ist ein kleiner blauer Filzwal, der schon so lange im Handschuhfach lebt, dass er jetzt offiziell Autowal heißt.)

Dein Auto muss nicht entrümpelt werden, aber muss es gereinigt werden? Nun, ich bin keine Autonärrin – ich erkenne die Autos meiner Freunde an der Farbe, nicht an der Marke –, aber Leute mit Mechanikerfachwissen haben mir gesagt, dass es tatsächlich wichtig ist, es zu waschen. Und das ist der Punkt, in dem sich Autos von Häusern unterscheiden und zeigen, was sie wirklich draufhaben.

Wie du wahrscheinlich schon vermutet hast, bin

ich kein Fan davon, mein Auto von Hand zu waschen. Es ist schrecklich harte Arbeit, und ich weiß, dass, sobald ich den Schwamm sinken lasse, ein Vogel vorbeifliegen und auf das Dach kacken wird, oder es wird sintflutartig zu regnen beginnen. Aber ich muss mein Auto gar nicht von Hand waschen, denn es gibt in der Nähe eine Waschanlage. Und die Waschanlage ist eine der großartigsten Erfindungen in der Geschichte des Putzens.

Ich liebe Unordnung, wie du weißt, aber ich mag keinen Schmutz. Ich hasse Putzen, aber ich freue mich über saubere Sachen. Daher liebe ich nichts mehr als eine Maschine, die zu einem sehr geringen Preis für mich wäscht. Ich liebe meine Waschmaschine, die es mir erspart, meine Kleider von Hand zu waschen. Ich bete meine Spülmaschine an, die es mir erspart, Papierteller zu benutzen, weil ich niemals Geschirr mit der Hand spülen werde. Und was ist eine Autowaschanlage anderes als eine riesige Spülmaschine, in der während des Spülvorgangs sogar Menschen sitzen können?

Wenn ich mein Haus in eine Waschanlage stecken könnte, würde ich es ohne zu zögern tun. Wenn ich Schläuche aufdrehen und das Innere meiner eigenen vier Wände durchpusten könnte, würde ich auch das tun. Das Putzen an eine Waschmaschine outzusourcen, die es dir erlaubt, dich zu setzen und Kaffee zu trinken, während sie all die harte Arbeit tut, ist ein Geschenk, für das ich ewig dankbar sein werde. Wenn du eine

Waschanlage in der Nähe hast, genieße dein großes Glück.

Und wenn nicht, ist es vielleicht Zeit, den Bus zu nehmen.

Teil zwei
Eine Anleitung zu häuslicher Unvollkommen-heit

SECHS
Groß- oder Kleinreinemachen? Oder: Wie viel Hausarbeit solltest du dir zumuten?

Ein bisschen Chaos

Wie ich vielleicht schon ein- oder zweimal in diesem Buch erwähnt habe: Das Leben ist kurz. Ernsthaft. Es ist sehr, sehr kurz. Es mag sich lang anfühlen, wenn du in einem Aufzug stehst und sich die Türen nicht öffnen und du einige ewige Minuten lang denkst, dass du in der Falle sitzt. Es mag sich lang anfühlen, wenn du beim Zahnarzt bist und der Speichelsauger in deinem Mund steckt und dein Kiefergelenk zu schmerzen beginnt und du glaubst, bis zum Sankt-Nimmerleins-Tag dort sitzen zu müssen. Es mag sich lang anfühlen, wenn du bei einem gesetzten Essen neben einem Mann landest, der sich lang und breit über seine Investitionen in Kryptowährungen ergeht und darüber, dass Non-Fungible Tokens die Zukunft sind.

Aber wenn du in der Lebensmitte angekommen bist und googelst, wie man graue Augenbrauen färbt und wie viel Geld du für die Rente brauchst, dann wird dir bewusst, dass die Jahre im Handumdrehen vergehen.

Wir alle haben eine begrenzte Menge an Zeit zur Verfügung, und wir müssen gut überlegen, wie wir sie verbringen wollen. Das Leben ist viel zu kurz, um jede Woche Kratzer aus dem Parkett zu polieren und das Klo zu schrubben. Das Großreinemachen wird überschätzt! Es ist an der Zeit für das Kleinreinemachen.

Natürlich solltest du weiterputzen, um jeden Moment mit dem Mopp zu genießen, wenn du es wirklich liebst zu putzen. Aber wenn du putzt, um Spannungen abzubauen oder aus Pflichtgefühl oder vielleicht auch, um die rachsüchtigen Götter der häuslichen Perfektion zu besänftigen, dann möchte ich dich dringend bitten, noch einmal darüber nachzudenken. Es gibt kein Gesetz, das dich dazu verdonnert, dein halbes Leben mit Putzen zu verbringen. Es ist okay, ein Minimum an Hausarbeit zu machen. Du darfst ein bisschen Unordnung übrig lassen.

Doch wie entscheidest du, was «ein bisschen Unordnung» ist? Woher weißt du, was geputzt werden muss und was du ignorieren darfst? Wenn du dich von Unordnung herausgefordert fühlst und schon gewohnheitsmäßig nach Perfektion strebst: Wann kannst du sagen, dass dein Haus sauber genug ist?

Um diese Frage zu beantworten, verweise ich dich auf mein patentiertes Dreistufiges Hausarbeitskategorisierungssystem™. Es wird dir helfen, deine Putzpraxis für immer «gesundzuschrumpfen».

Stufe 1: Triage

Der erste Schritt, um deine Reinigungsgewohnheiten mäßigen zu lernen, besteht darin, ein Triagesystem für deine Hausarbeit einzuführen, ähnlich dem Triagesystem, das es in Krankenhausnotaufnahmen gibt. Ich habe einige Jahre in einer Klinik gearbeitet, daher verfüge ich über Insiderwissen, was die Komplexität des Triageprozesses in Krankenhäusern betrifft.

Eine Krankenschwester nimmt die Einschätzung der Patientinnen und Patienten vor und ordnet sie in eine von drei Kategorien ein: «Dringend», «Kann warten» und «Hat hier nichts zu suchen».

Die Patienten, die als «dringend» eingestuft wurden, werden sofort einem Arzt vorgestellt; die Patienten, die der Kategorie «Kann warten» zugeordnet wurden, hängen eine Weile im Wartebereich herum; und die Patienten, die unter «Hat hier nichts zu suchen» subsumiert wurden, sitzen stundenlang auf den harten Plastikstühlen, spielen mit ihren Smartphones herum und essen Schokoriegel aus dem Automaten, bevor sich ein Medizinstudent im Praktischen Jahr endlich ihrem eingewachsenen Zehennagel widmet.

Ganz ähnlich kann auch deine Hausarbeit in «Dringend», «Kann warten» und «Muss überhaupt nicht gemacht werden» eingeteilt werden. Genau wie eine Krankenschwester kannst du die Dringlichkeit deiner Hausarbeit einschätzen, indem du dir eine Reihe von Fragen beantwortest. Aber anders als eine Krankenschwester musst du dabei weder Stethoskop noch Namensschild tragen – es sei denn, du willst es unbedingt. In diesem Fall beglückwünsche ich dich zu so viel Einsatz!

Anmerkung des Lektorats: Unser Faktenchecker hat bestätigt, dass die Autorin früher im Krankenhaus gearbeitet hat, doch obige Schilderung ist keine zutreffende Beschreibung des Triagesystems in Krankenhausnotaufnahmen.

Stufe 2: Selektiere

Sobald du gelernt hast, sämtliche Reinigungsarbeiten effektiv zu triagieren und heute zu verschieben, was du auch morgen noch besorgen kannst, wird es Zeit, herauszufinden, welche Hausarbeiten *bis in alle Ewigkeit* verschoben werden können.

Die Hausarbeit-Influencerinnen wollen uns alle glauben machen, dass ein Haus von der Klärgrube bis zur Decke makellos sein muss. Aber Hausarbeiten müssen sinnvoll und zweckdienlich sein, und das trifft auf viele Hausarbeiten nicht zu. Wenn eine Hausarbeit nicht direkt oder indirekt deine Lebensqualität verbessert, dann ist sie nicht lebensnotwendig und eine Verschwendung deiner kostbaren Zeit, und du solltest sie dauerhaft von deiner To-do-Liste streichen.

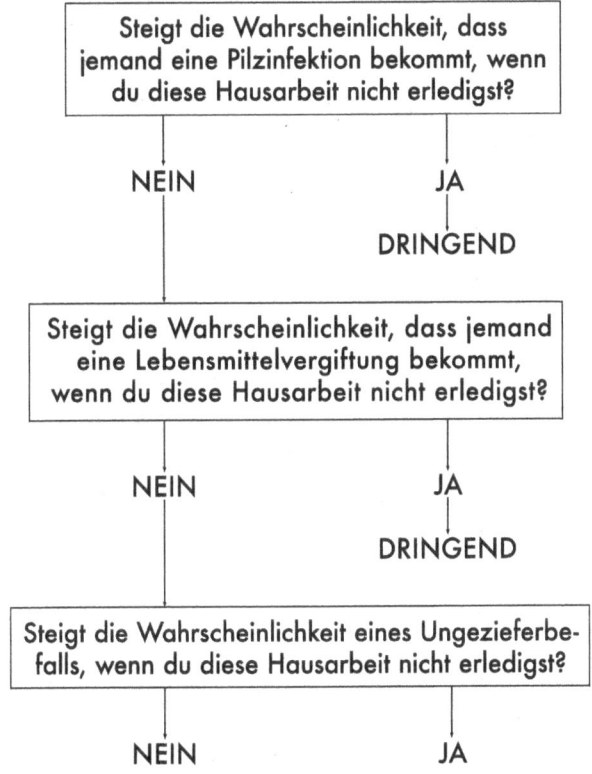

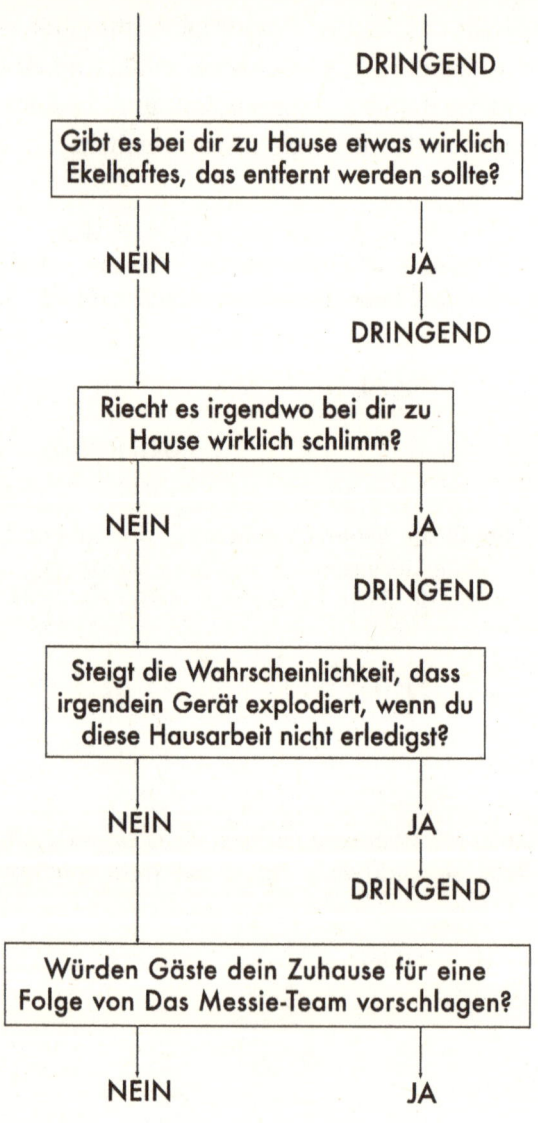

DRINGEND

Gibt es bei dir zu Hause etwas wirklich Ekelhaftes, das entfernt werden sollte?

NEIN   JA

DRINGEND

Riecht es irgendwo bei dir zu Hause wirklich schlimm?

NEIN   JA

DRINGEND

Steigt die Wahrscheinlichkeit, dass irgendein Gerät explodiert, wenn du diese Hausarbeit nicht erledigst?

NEIN   JA

DRINGEND

Würden Gäste dein Zuhause für eine Folge von Das Messie-Team vorschlagen?

NEIN   JA

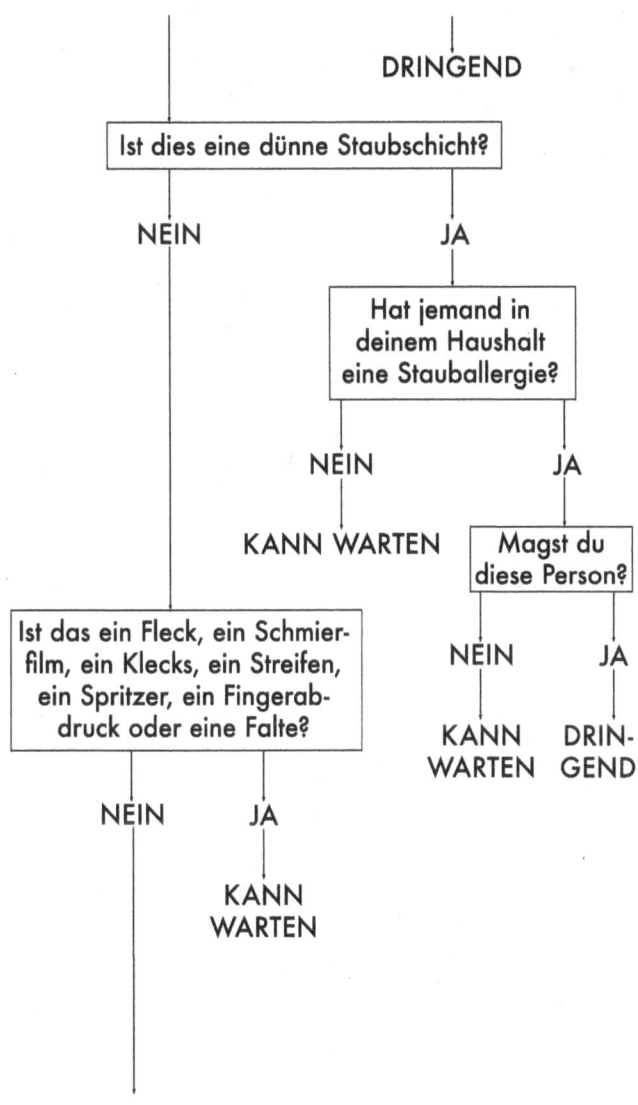

DRINGEND

Ist dies eine dünne Staubschicht?

NEIN   JA

Hat jemand in
deinem Haushalt
eine Stauballergie?

NEIN   JA

KANN WARTEN   Magst du
diese Person?

NEIN   JA

KANN   DRIN-
WARTEN   GEND

Ist das ein Fleck, ein Schmierfilm, ein Klecks, ein Streifen,
ein Spritzer, ein Fingerabdruck oder eine Falte?

NEIN   JA

KANN
WARTEN

177

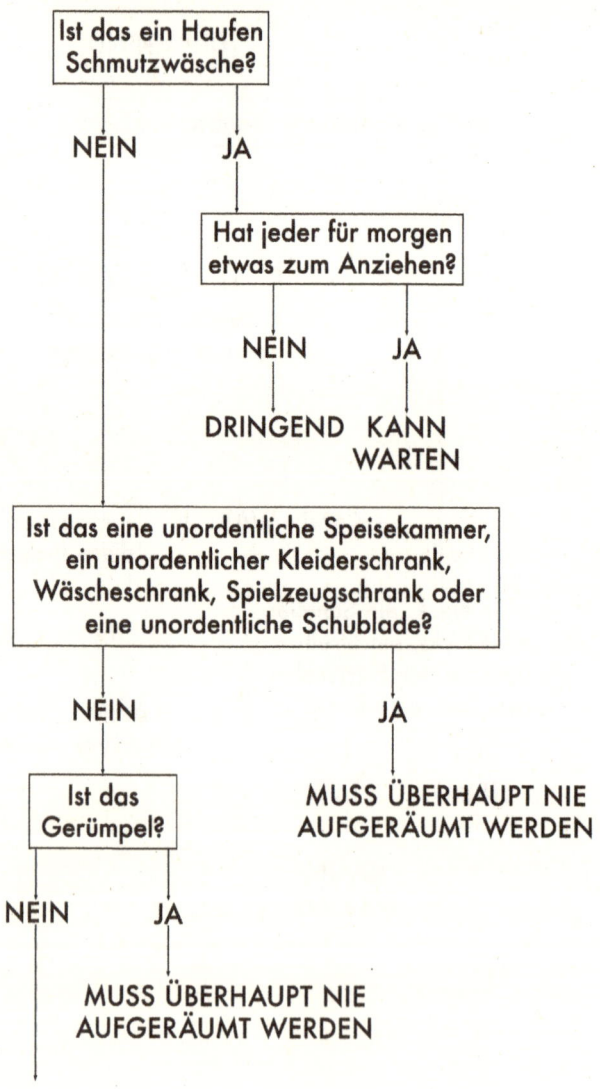

Ist das ein Haufen Schmutzwäsche?

NEIN — JA

Hat jeder für morgen etwas zum Anziehen?

NEIN — JA

DRINGEND   KANN WARTEN

Ist das eine unordentliche Speisekammer, ein unordentlicher Kleiderschrank, Wäscheschrank, Spielzeugschrank oder eine unordentliche Schublade?

NEIN — JA

MUSS ÜBERHAUPT NIE AUFGERÄUMT WERDEN

Ist das Gerümpel?

NEIN — JA

MUSS ÜBERHAUPT NIE AUFGERÄUMT WERDEN

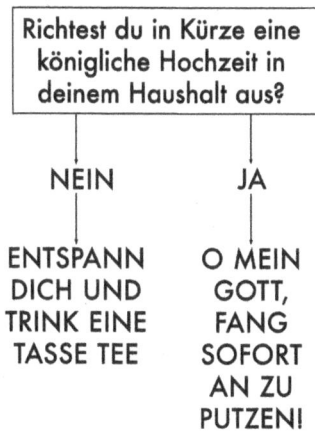

Richtest du in Kürze eine königliche Hochzeit in deinem Haushalt aus?

NEIN — ENTSPANN DICH UND TRINK EINE TASSE TEE

JA — O MEIN GOTT, FANG SOFORT AN ZU PUTZEN!

Hausarbeiten, die überhaupt nicht erledigt werden müssen:

- *Spannbettlaken zu perfekten Quadraten zusammenlegen.* Das ist ein netter Trick und sieht fantastisch in TikTok-Videos aus, aber es hat keinen praktischen Nutzen. Niemand hat je besser geschlafen, weil sein Spannbettlaken nach der magischen Laken-Influencer-Formel zusammengelegt wurde. Spar dir den Aufwand: Knülle dein Spannbettlaken zu einer Kugel zusammen und stopfe sie in den Wäscheschrank.
- *Dein Bettlaken bügeln.* Siehe oben.
- *Dafür sorgen, dass dein Boden sauber genug ist, damit du davon essen kannst.* Es besteht absolut keine Notwendigkeit dazu, vom Boden essen zu können, es sei denn, du hättest vor, vom Boden

zu essen. Wenn du das tust, darf ich vorschlagen, dass du dir Teller anschaffst? Man bekommt sie ziemlich günstig, und sie ersparen einem viel Mühe.

- *Alles säubern, bis es steril ist.* Dein Zuhause ist kein Krankenhaus. Es besteht keine Notwendigkeit, deine Oberflächen, Gerätschaften oder Böden zu Tode zu desinfizieren. Du bist wahrscheinlich kein Chirurg, daher wirst du auch zu Hause keine Operationen durchführen, außer vielleicht in deiner Küche mithilfe von Steakmessern. Und wenn du doch Chirurg bist, dann hat man dir sehr wahrscheinlich auf der Uni eingebläut, dass du keine Operationen in deinem Wohnzimmer durchführen darfst. Säubere dein Zuhause in gemäßigtem Umfang und lass den Sterilisator in der Klinik.

- *Deine Fußleisten abstauben.* Wirklich niemand wirft je einen Blick darauf. Sie sind einfach nur da, um einen Übergang zwischen Boden und Wand zu bilden, Kabel zu verbergen und Wand und Boden vor Stößen und Verschmutzung zu schützen.

- *Deine Lampen abstauben.* Wenn du regelmäßig Gäste hast, die über zwei Meter groß sind, dann ist das ein Argument, deine Lampenschirme zu putzen. Wenn deine Gäste normal gewachsen sind und du nicht in einer Art unterirdischer

Höhle mit niedrigen Decken haust, wird niemand den Staub auf deinen Lampen bemerken. Lass sie in Frieden hängen.

- *Kleingeräte reinigen.* Deine Mikrowelle, dein Wasserkessel, dein Thermomix und deine übrigen Kleingeräte sind Maschinen, keine Kunstwerke. Du musst deine Kleingeräte nicht polieren, bis sie strahlen, oder sie auch nur täglich abwischen. Wenn sie dein Essen erwärmen, dein Wasser kochen oder fantastische Mahlzeiten zaubern, die auch ohne ein superteures, autonomes Hightechgerät ganz einfach zuzubereiten gewesen wären, dann funktionieren sie perfekt und brauchen keine aufwendige Wartung.

- *Bügeln.* Bügeln ist gefährlich. Wie viel kann da schiefgehen. An einem guten Tag platzierst du nur eine Falte an der falschen Stelle. An einem schlechten Tag kannst du das ganze T-Shirt ansengen. Heutzutage würde ich keine Kleider mehr kaufen, die gebügelt werden müssen; ich würde eher meine Garderobe begrenzen und mein Leben genießen. Wenn du schon bügeln musst, sei vorsichtig dabei, tu es auf niedriger Stufe, drück nicht zu fest auf, und um Himmels willen tu es nicht abends, wenn du schon gebechert hast. Ich kenne das: riesiges Loch im Ärmel.

- *Deine Kleider zusammenlegen.* Freunde, es be-

steht *niemals* eine Notwendigkeit, ein Kleidungsstück zusammenzulegen. Ich lege nie etwas
zusammen, und ich bin ein glücklicher und
funktionstüchtiger Mensch. Kleider zusammenzulegen ist ermüdend und führt nur zu Knitter-
falten. Der Gebrauch eines Bügels ist kinder-
leicht, und alles sieht wie frisch gewaschen aus.
Ich hänge absolut alles auf bis auf meine Unterwäsche und Socken, und die werfe ich einfach
in eine Schublade. Schrankfächer sind schlecht.
Schaff die Regalbretter aus dem Kleiderschrank,
setze eine Stange ein und fang an mit dem Aufhängen.

- *Deine Mehrwegtüten zusammenlegen.* Es tut mir
sehr leid, dir das sagen zu müssen, aber du musst
deine Tüten nicht zusammenlegen. Du kannst
sie in einen Schrank legen oder in eine Schublade
werfen, sie in einen weiteren Beutel stopfen oder
sie im Auto lassen. Der Versuch, den Planeten zu
retten, ist schon tugendhaft genug. Du musst den
Planeten nicht aufgeräumt retten!

- *Alles reinigen, was sich in einem Schrank, einer
Schublade, unter einem Bett oder hinter einer
Couch befindet.* Es hat absolut keinen Sinn, etwas
zu reinigen, das für den beiläufigen Beobachter
nicht zu sehen ist. Sprich mir nach: Wenn man
es nicht sehen kann, muss es auch nicht sauber
sein!

Stufe 3: Putze so, dass es gerade genügt

Die größte Herausforderung für Perfektionisten ist zu wissen, wann sie den Schwamm sinken lassen sollen. Woher weißt du, wann ein Bereich deines Hauses *sauber genug* ist? Sicher, das ist leicht, wenn du eine Hausarbeit erledigst, die einen klar definierten Anfang und ein ebensolches Ende hat. Zum Beispiel ist es offensichtlich, wann du die Spülmaschine fertig ausgeräumt oder den Müll weggebracht oder den Esstisch abgeräumt hast. (Gleichwohl ist das noch immer eine Herausforderung für meine jüngste Tochter, die dazu neigt, einfach wegzugehen, wenn sie eigentlich gerade mit einer dieser Tätigkeiten beschäftigt ist. «Oh, tut mir leid!», sagt sie dann fröhlich, wenn ich sie in ihrem Zimmer beim Schleimmachen entdecke. «Ich dachte, ich wäre fertig.»)

Es gibt jedoch andere Hausarbeiten, deren Ende nicht so leicht abzusehen ist. Wie lange brauchst du, um Bad oder Fenster zu putzen oder den Boden zu wischen? Wischst du einmal kurz darüber, oder holst du alles aus Eimer und Politur heraus, bis es glänzt und strahlt? Wenn deine Hausarbeit ein Steak wäre, könntest du lernen, es blutig zu servieren, während du es bisher immer so lange gebraten hast, bis es total angekokelt war?

Für die meisten Bereiche deines Haushalts ist nicht mehr als eine oberflächliche Reinigung vonnöten. Spare dir deine Mühe für deine Arbeit auf, deine Hobbys oder dafür zu lernen, wie man gleichzeitig Nachrichten im Gruppenchat schreibt, Wiedersehensvideos anschaut und sich einen Podcast anhört. In den meisten Bereichen deines Haushalts ist – wie in den meisten Bereichen deines Lebens – nah dran absolut ausreichend.

Hausarbeiten, die mit links erledigt werden können:

- *Die Fenster.* Kannst du noch durch deine Fenster nach draußen schauen? Ist gut zu erkennen, ob es Tag oder Nacht ist? Würdest du es sehen, wenn ein Asteroid durch den Weltraum auf dein Haus zugeschossen kommt? Wenn ja, dann sind die Scheiben sauber genug.
- *Dein Boden.* Dein Boden ist aus Sicherheitsgründen da. Er bewahrt dich davor, bis zum Mittelpunkt der Erde zu fallen. Dein Boden muss nicht makellos sein. Er muss dich nur davor retten, in den heißen, zähflüssigen Erdkern zu stürzen.
- *Deine Wände.* Wenn Gott gewollt hätte, dass Wände vollkommen sauber sind, dann hätte er nicht die Kunst erfunden, die man über die schmutzigen Stellen hängen kann.
- *Deine Dusche.* Deine Dusche muss nicht makellos rein sein. Deine Dusche muss nur *dich* makellos reinwaschen.
- *Das Innere deiner Töpfe und Pfannen.* Hängen deine Töpfe und Pfannen zur Dekoration an der Wand? Wenn nicht, warum machst du dir

Gedanken über Flecken im Inneren deiner Koch-
utensilien? Und wenn sie an der Wand hängen,
darf ich dann vorschlagen, dass du sie abnimmst
und in die Schublade zurückräumst, wo sie hin-
gehören?

- *Deine Speisekammer.* Es gibt einen klaren, kon-
kreten Anhaltspunkt, der darüber entscheidet,
ob deine Speisekammer sauber genug ist: Gibt es
dort Rüsselkäfer? Nein? Motten? Wieder nein?
Dann herzlichen Glückwunsch! Deine Arbeit
dort ist getan.

- *Deine Bücherregale.* Im digitalen Zeitalter sind
gedruckte Bücher kauzige Kuriositäten und wie
aus der Zeit gefallen. Daher besteht keine Notwendigkeit, dafür zu sorgen, dass deine Bücherregale vollkommen staubfrei sind, da eine feine
Schmutzschicht ihren Retrocharme nur noch
unterstreicht.

- *Dein Schlafzimmer.* Der Hauptzweck deines
Schlafzimmers besteht darin, dir einen Platz
zu bieten, an dem du schlafen kannst. Wenn du
schläfst, sind deine Augen geschlossen. Deshalb
muss der Raum nicht supersauber sein, denn die
meiste Zeit über bist du gar nicht in der Lage, es
zu sehen.

- *Dein Ofen.* Niemand wirft einen Blick in deinen
Ofen, und wenn doch, dann nur, um zu sehen, ob
das Brathähnchen von der Straßenecke endlich

durch ist. Dein Ofen ist keine Vitrine. Dein Ofen
ist ein Kasten, der so heiß wird, dass dein Essen
gegart werden kann. Wenn er Hitze abstrahlt
und keine Gefahr besteht, dass er infolge von
austretendem Gas explodiert, dann ist er hin-
nehmbar sauber.

- *Deine Waschküche.* Ich habe keine Waschküche,
ich habe eine Waschnische. Aber mal ehrlich –
was ist eine Waschküche schon anderes als ein
besserer Schrank, der deine Waschmaschine
und deinen Trockner beherbergt? Und Schränke
müssen, wie wir wissen, nicht vollkommen
sauber sein. Wenn sie unaufgeräumt sind, mach
einfach die Tür zu und geh.

SIEBEN
Wenn es nicht kaputt ist, dann putze es nicht: Abschreckende Beispiele

Durch die Decke gegangen

Mein patentiertes Dreistufensystem [das gar nicht patentiert ist – Anm. d. Lekt.] wird bei den meisten ordentlichen Menschen funktionieren, die sich von der Tyrannei durch Besen und Kehrschaufel befreien wollen. Wenn du jedoch eher zu den Reinlichkeitsfanatikern gehörst, brauchst du vielleicht noch mehr Hilfestellung, um dich zu lösen. Deshalb fahre ich für dich hier die großen Geschütze auf. Ich werde tief buddeln und mich angreifbar zeigen. Ich werde dir meine persönlichsten, extrem traumatischen Erlebnisse erzählen, um dich daran zu erinnern, dass Putzen ein brandgefährliches Geschäft ist. Es kann mit einem Schwamm und den besten Absichten anfangen und damit enden, dass du fast dein Zuhause und dich selbst abfackelst.

Mein erstes verunglücktes Putzerlebnis hatte ich schon mit etwa neun oder zehn Jahren. Ich hatte still in meinem Schlafzimmer gelesen – wahrscheinlich eine Geschichte über pferdeverrückte Mädchen –, als ich ein gewaltiges Getöse hörte, gefolgt vom verzweifelten

Schrei einer Männerstimme. Ich rannte in unser Esszimmer, wo ich zu meinem Entsetzen die haarigen Beine meines Vaters von der Decke baumeln sah. Alles war voller Gipsstaub und Bruchstücken von unserer Decke, und in meiner Panik dachte ich erst, die Beine meines Vaters wären nicht mehr mit dem Rest seines Körpers verbunden. Es war eine grauenhafte Vorstellung, daher schrie ich, lief zurück in mein Schlafzimmer und drückte mir ein Kissen auf den Kopf. (Das blieb in meinen Teenager- und Zwanzigerjahren mein Mittel der Wahl, mit Notlagen umzugehen.) Und dort blieb ich, bis meine Mutter hysterisch lachend kam, um mich zu beruhigen.

Es stellte sich heraus, dass meine Eltern Sorge um den Zustand der Dachsparren hatten und sich auf dem Dachboden einen Überblick über die Lage verschaffen wollten. Dabei waren meinem Vater die Unmengen an Staub in ihrem hundert Jahre alten Haus aufgefallen, und er hatte beschlossen, den Dachboden zu entstauben. Den Besen in der Hand, war er vorsichtig über einen Dachbalken balanciert und – wie meine Mutter es später beschrieb – «plötzlich verschwunden». Er brach durch die Decke, wo er hängen blieb, bis es meiner Mutter gelang, ihn wieder hinaufzuziehen.

Die gute Nachricht war, dass die Beine meines Vaters noch immer fest mit dem Rest seines Körpers verbunden waren. Die schlechte Nachricht war, dass nun die Decke über unserem Esszimmer neu eingezogen werden musste. Und die Unmengen an Staub, die sicher im Dachraum verstaut gewesen waren, hatten sich im ganzen Haus ausgebreitet.

Mein Vater hätte besser alles so gelassen, wie es war. Das war schon damals klar, und jetzt ist es noch klarer. Aber ich bin die Tochter meines Vaters und lerne sehr langsam, deshalb habe auch ich im Erwachsenenalter meine eigenen katastrophalen Putzfehler gemacht.

Als YouTube meinen Ofen schrottete

Vor einigen Jahren beschloss ich, meinen Ofen zu reinigen. Ich hatte gelesen, dass man das alle paar Monate tun sollte, und hinkte nach sieben Jahren dem Zeitplan bedenklich hinterher. Nach zwanzig Millionen warmen Mahlzeiten war mein Ofen in einem ganz klein wenig widerlichen Zustand.

Ich benutzte ein Ofenreinigerspray, das den meisten Schmutz entfernte, doch die Ofentür war danach noch immer verkrustet. Ich sah es mir genauer an und stellte fest, dass die Tür nicht nur aus einer Glasscheibe bestand, sondern aus zweien, und dass sich die schmierigen Überreste von tausend gegrillten Lammkoteletts dazwischen angesammelt hatten.

Ich kam zu dem Schluss, dass ich auch den Raum *zwischen* den beiden Scheiben würde säubern müssen, was den Ausbau der Ofentür bedeutete. Ich musste die

Bolzen herausdrehen, die beiden Glasscheiben entfernen, sie putzen und alles wieder zusammenmontieren. Das schien mir kein Hexenwerk zu sein, aber dasselbe galt auch für Lammkoteletts, die ich trotzdem regelmäßig anbrennen ließ. Mir wurde klar, dass ich Hilfe brauchte.

Vernünftigerweise rief ich einen Fachmann an, der am nächsten Tag kam und den Job erledigte.

Ups, sorry! Meine Finger sind schon wieder auf der Tastatur ausgerutscht. Was ich eigentlich schreiben wollte: «Ich rief keinen Fachmann an. Stattdessen habe ich Depp im Internet recherchiert.»

Ja, ich habe mir ein Sieben-Minuten-Video auf YouTube angesehen, das mir hilfreicherweise erklärte, es sei extrem einfach, eine Ofentür auseinanderzunehmen. Du löst einfach ein paar Schrauben, hebst die Tür aus den Angeln und baust dann vorsichtig die Glasscheiben aus.

Und weißt du was? Das Video hatte recht! Es stellte sich heraus, dass es *sehr* einfach ist, eine Ofentür auseinanderzunehmen. Ich baute sie rasch aus und entdeckte, dass darin nicht nur zwei, sondern gleich drei Glasscheiben verbaut waren, zusammen mit einem Haufen Plastikknoppen und ein paar Gummidichtungen.

Ich bin ein Heimwerkergenie!, dachte ich, als ich die Glasscheiben auf dem Boden auslegte und schrubbte, bis sie glänzten. Wer braucht einen Fachmann, wenn wir über die Segnungen der DIY-Videos verfügen?

Als ich fertig mit Putzen war und mein Werk bewunderte, wurde es Zeit, die Ofentür wieder einzubauen. Ich richtete mich nach den YouTube-Instruktionen in umgekehrter Reihenfolge, setzte die Tür wieder zusammen und betrachtete voller Genugtuung mein wunderbar sauberes Küchengerät.

Ha! Nein, das tat ich nicht. Wenn ich es getan hätte, würde ich jetzt meine eigenen DIY-Videos auf YouTube hochladen und als #ofeninspo-Influencerin Geld scheffeln.

Nein, ich kapierte einfach nicht, wie ich die Glastür wieder zusammenbauen sollte. Ich bekam heraus, wie man die Scheiben wieder in den Rahmen einsetzte, aber ich hatte keine Ahnung, wo diese fummeligen Plastiknoppen und Gummidichtungen hingehörten. Und diesmal war mir das Internet überhaupt keine Hilfe. Es sieht so aus, als gäbe es jede Menge YouTube-Videos, die dir sagen, wie man eine Ofentür auseinandernimmt, aber kein einziges, das dir verrät, was dann zu tun ist, wenn du sie in ihre Einzelteile zerlegt hast.

Da saß ich auf meinem Küchenboden, umringt von den Einzelteilen meines Ofens, drei lange Stunden. Ich sah mir das Video wieder und wieder an und studierte die Gebrauchsanleitung des Ofens, aber egal, was ich tat, es blieb immer eine Noppe oder eine einzelne Dichtung übrig. Endlich, als der Nachmittag zum Abend geworden war und meine Kinder nach dem Abendessen zu fragen begannen, kam ich auf die Lösung. Ich befestigte die Dichtungen über dem Glas, brachte die Noppen wieder fest an und schraubte das ganze Ding zusammen.

Was für ein Kick! Was für eine Erleichterung! Ich war die Königin der Küche! Ich holte die Koteletts heraus, stellte meinen wunderbaren, sauberen Ofen an und ließ mich auf die Couch fallen.

Bumm! Es gab einen fürchterlichen Knall, gefolgt vom Klirren von Glas und einem unheilvollen Krachen. Es war, als wäre mein Vater wieder durch die Decke gebrochen, nur dass wir in einer Wohnung lebten und mein Vater zu Hause bei Mum war. Ich rannte in meine Küche.

Mein Ofen war explodiert.

Ja, of(f)ensichtlich hatte ich beim Zusammenbau der Tür einen klitzekleinen Fehler gemacht. Die Dichtungen, erfuhr ich, saßen nicht ganz genau dort, wo sie hingehörten. Wer hätte gedacht, dass eine kleine Dichtung so wichtig sein könnte? Mein Ofen war ein Wrack, ebenso wie mein Ego und kurze Zeit später auch mein Konto.

Es kostete mich zweitausend Dollar, einen neuen Ofen zu kaufen, und drei Tage, um sämtliche Scherben aus meiner Küche zu entfernen. Es war nicht ganz so teuer, wie eine neue Decke einziehen zu lassen, aber viel teurer, als einen Fachmann zu rufen.

Zwei Wochen, nachdem ich meinen brandneuen Ofen bekommen hatte, hielt ich ein Blech mit heißen

Lammkoteletts schräg, während ich es aus dem Ofen holte. Fett tropfte in den Spalt in der Tür und hinterließ eine schmierige braune Spur zwischen den beiden Glasscheiben. Ich betrachtete die Tür, seufzte und sah dann wild entschlossen weg.

Es war besser, beschloss ich, es dabei zu belassen.

Vom Handabdruck zur Wolke

Vor einigen Jahren entdeckte ich, als ich im Bett lag, einen winzigen Handabdruck an der Zimmerdecke. Es war nicht meiner und auch nicht der der Katze, also gehörte er offenbar meiner jüngsten Tochter. Entweder das, oder ein Dämon ging nachts in meinem Schlafzimmer um.

Ob menschlichen oder übernatürlichen Ursprungs, der Handabdruck störte mich ungemein. Meine Schlafzimmerdecke war die letzte Bastion der Vollkommenheit in meiner einst makellosen Behausung. Als wir einzogen, war alles neu und glänzte, aber nach ein paar Jahren ging es bergab. Einige Fliesen des Badezimmerbodens waren lose geworden. Die schneeweißen Wände waren verschrammt und fleckig. Der Teppich war dort, wo die Katze einzelne Fasern herausgezogen hatte, dünn geworden. Die Katze sah auch ein wenig mitgenommen aus.

Das polierte Parkett hatte Beulen und war verkratzt

und in einer Ecke dauerhaft durch Aceton beschädigt. (Ich hatte Nagellackentferner darauf gegeben, um den Nagellack zu entfernen, den ich auf dem Boden verschüttet hatte.) Das Gitter hatte sich von der Dunstabzugshaube über dem Herd gelöst, ein Deckenstrahler war aus der Fassung gefallen, und mein schöner neuer Ofen war explodiert.

Aber meine Schlafzimmerdecke? Meine Schlafzimmerdecke war einst fleckenlos gewesen, und sie würde es wieder sein, das versprach ich mir feierlich. Ich starrte in wilder Entschlossenheit auf den Handabdruck, dann kletterte ich aus dem Bett, holte einen Stuhl aus der Küche, stellte ihn gefährlich wackelnd auf meine Matratze und machte mich mit Seifenwasser an die Arbeit.

Der Handabdruck wurde größer. Im Nachhinein betrachtet wäre dies das Zeichen gewesen aufzuhören. Es wäre der Zeitpunkt gewesen, mich geschlagen zu geben und es bleiben zu lassen. Aber ich hatte ganz eindeutig nichts aus dem Ofendebakel gelernt und war auch nicht traumatisiert genug von Dads baumelnden Beinen. Ich schrubbte weiter, und zwar noch entschlossener. Ich verlegte mich auf ein Reinigungsspray, dann auf ein zweites. Der Schmutz verschwand nicht, sondern vermehrte sich und bildete eine große graue Wolke, wo vorher nur ein kleiner Fleck gewesen war. Ich wurde noch eifriger, rubbelte noch fester, bis ich bemerkte, dass sich die Decke aufzulösen begann.

Der Handabdruck war fort, aber das galt auch für die Deckenfarbe.

Endlich, als mir der Schweiß von der Stirn tropfte und ich zweimal vom Stuhl auf mein Bett gefallen war, hielt ich inne und gab auf. Und seit diesem Tag werde ich jedes Mal, wenn ich im Bett liege, daran erinnert, wie wichtig es ist zu wissen, wann man mit dem Putzen aufhören muss.

Wenn ich vernünftig gewesen wäre, hätte ich unter dem liebevollen Handabdruck meiner Tochter einfach einschlafen können. Stattdessen liege ich jetzt wach und starre reuig auf den dunklen, drohenden Schatten einer Wolke.

Anmerkung des Lektorats: Dieses Kapitel enthält Material, das sensible Leser und Leserinnen verstören könnte. Uns im Verlag ging es jedenfalls so.

Little Klo of Horrors

Der Zwischenfall, den ich hier beschreibe, ist ein wenig speziell, wofür ich um Verständnis bitte, denn er vermittelt eine eindringliche moralische Lektion. Und selbst wenn er das nicht täte, ist es für mich wie eine Therapie, mit dir darüber zu sprechen. Wenn ich solch eine traumatische Erfahrung erleben musste, ist ja wohl das Mindeste, was du tun kannst, sie zu lesen.

Es ist erst einige Monate her und geschah an einem kühlen Samstagmorgen. Ich schlenderte in mein Badezimmer und bemerkte, dass meine Katze – die Teppichzerstörerin – eine beträchtliche Einlage in ihrem Katzenklo hinterlassen hatte. Ich bin umweltbewusst und auch extrem faul, daher benutze ich abbaubare Katzenstreu, das man die Toilette hinunterspülen kann. Ich schüttete die gesamte Hinterlassenschaft ins Klo und warf einige gebrauchte Taschentücher hinterher, die auf dem Waschtisch lagen. Dann schnäuzte ich mich in ein Stück Toilettenpapier und entsorgte es ebenfalls in der Kloschüssel. Endlich betätigte ich die Spülung, ging aus dem Bad und in die Küche, um mir eine Tasse Tee zu kochen.

Doch noch bevor ich den Wasserkessel erreichte, hörte ich ein furchtbares, lautes Gurgeln. Ich lief zurück ins Bad und sah zu meinem Entsetzen, dass die Toilettenschüssel bis zum Rand mit Wasser gefüllt war. Und wenn ich «Wasser» schreibe, dann meine ich eine schreckliche Mischung aus Wasser und Taschentüchern und Toilettenpapier und einer erheblichen Menge Katzenkacke. Es war mehr Katzenkacke, als ich mich hinuntergespült zu haben erinnerte. Hatte sie sich irgendwie im Klo vervielfältigt? Oder irrte ich mich doch in Bezug auf die Menge?

Die Toilette war komplett verstopft. An diesem Punkt hätte ich es gut sein lassen sollen. Ich hätte einen Plan machen sollen. Ich hätte ein paar Zündhölzer nehmen, das Badezimmer anzünden und das gesamte Haus bis auf die Grundmauern niederbrennen sollen.

Aber ach, ich war unbesonnen. Ich sah mir die Schweinerei an, dachte: *Ach, ich bin mir sicher, dass es diesmal durchflutschen wird,* und betätigte noch einmal den Abzug.

Freunde, es flutschte nicht durch. Es kam hoch.

Als ich auf die Spülung drückte, explodierte die Toilette praktisch. Welle um Welle von Wasser, mit Katzenstreu und Katzenkacke und widerlichem, nassem, vollgeschnäuztem Klopapier versetzt, schwappte auf meinen Badezimmerboden. Beklagenswerterweise auch auf mich, die ich direkt vor der Kloschüssel stand. Katzenstreu, Katzenkacke und nasses Klopapier verteilten sich auf meinen Schuhen, meiner Jeans und auf dem gesamten Badezimmerboden.

Doch die Schüssel war noch immer voll. Die Verstopfung war keineswegs beseitigt.

Ich habe einen sehr schwachen Magen und muss schnell würgen. Ich stand also mitten in dieser haarsträubenden Szene und würgte unkontrolliert vor mich hin. Meine Tochter hörte mich, kam gelaufen, um nachzusehen, fiel auf den Boden vor Lachen und lief wieder weg. Ich brauchte zehn Minuten, um den Würgereflex wieder unter Kontrolle zu bekommen, weitere zehn Minuten, um die Verstopfung in der Toilette zu beseitigen, und dann noch siebenundfünfzig Minuten (ja, ich habe sie gezählt), um die Sauerei im Bad wegzuputzen. Ich brauchte jeden einzelnen meiner zwölf Moppaufsätze. Ich brauchte zwei große Duschtücher. Ich brauchte meine ausgemusterte Jeans. Ich brauchte eine halbe Flasche Bleichmittel und eine weitere Flasche Reinigungsspray. Ich trank zwei Gläser Gin, als alles vorbei war, und war noch am nächsten Morgen traumatisiert.

Wenn du jetzt auch traumatisiert bist, entschuldige ich mich. Aber ich habe dir eine moralische Lektion versprochen, und hier kommt sie: Das Leben kann sich binnen eines Wimpernschlags verändern, und schlimme Dinge (wie explodierende Klos) können guten Menschen (wie mir) passieren. So viele von uns streben nach Perfektion, anstatt das Glück zu schätzen zu wissen, das wir jetzt, in diesem Moment, haben. Es ist tragisch, dass wir versäumen, die Schönheit in unserem Leben zu würdigen, bis etwas Schreckliches passiert (wie ein explodierendes Klo).

Hör auf, dir den Kopf darüber zu zerbrechen, wie du dein Zuhause porentief sauber bekommst, und würdige das Zuhause, das sauber genug ist und das du jetzt hast. Wenn dein Badezimmerboden nicht von Katzenstreu und Katzenkacke schwimmt, hast du alles, was du dir nur wünschen kannst.

Zeitstrahl: Fenster putzen

14:35 Uhr: Komme voller Energie zu Hause an, was mit dem extrastarken Cappuccino, den ich zum Mittagessen getrunken habe, zusammenhängen mag oder auch nicht. Die Sonne scheint, und mir fällt auf, dass die Glasschiebetür zum Balkon nach einer Woche Regen voller Wasserflecken ist und schmuddelig wirkt. Ich werde sie putzen, beschließe ich. Ich bin motiviert! Ich bin bereit!

14:40 Uhr: Hole den Fensterreiniger, einen Lappen und einen Tritthocker. Ich bin voller Tatendrang! Begeisterung! Ich werde diese Scheiben putzen, bis sie funkeln!

14:42 Uhr: Beginne auf der Balkonseite mit der ersten der vier Glasscheiben. Aufsprühen, abwischen! Aufsprühen, abwischen! Ich erledige das! Ich bin so enthusiastisch!

15:07 Uhr: Wische mir über die Stirn. Bin an der dritten von vier Scheiben. Jetzt nicht mehr ganz so enthusiastisch. Mir geht die Puste aus.

15:13 Uhr: Habe alle vier Scheiben geputzt. Ich bin eine Fenstergöttin! Ich bin ein Superstar! Trete zurück und begutachte mein Werk. Die Sonne strahlt in meinem Rücken, und das Glas sieht fantastisch aus. Gut gemacht. Die Arbeit ist erledigt. Und ich bin erledigt. Zeit für einen weiteren Kaffee.

15:14 Uhr: Mir geht auf, dass ich nur eine Seite der Scheiben geputzt habe.

15:15 Uhr: Begebe mich ins Wohnzimmer, auf die andere Seite der Schiebetür. Da das Sonnenlicht hereinfällt, sehe ich, dass die Scheiben immer noch schmutzig sind. Ich schätze, der Kaffee wird warten müssen.

15:34 Uhr: Ich sprühe. Ich wische. Sprühe. Wische verflucht noch mal. Gleichgültig, wie sehr ich poliere, das Glas bleibt schmierig. Warum bleibt es schmierig? Warum wird es nicht sauber? Was mache ich falsch?

15:46 Uhr: Laufe wie eine Irre zwischen Balkon- und Wohnzimmerseite hin und her. Ich bekomme den Schmierfilm nicht vom Glas. Ich sehe meine Sprüh- und Wischspuren. Warum will es nicht sauber werden? WARUM WILL ES NICHT SAUBER WERDEN?

16:02 Uhr: Ich putze seit einer Ewigkeit. Triefe vor Schweiß. Meine Arme schmerzen. Ich verfluche meine Glasschiebetür! Wer muss schon nach draußen sehen können? Mein Garten ist gar nicht so spannend.

16:17 Uhr: Ich bin fertig. Ich kann nicht mehr. Meine Arme bringen mich um. Ich gehe ins Wohnzimmer hinein. Das Glas sieht passabel aus. Das wird reichen müssen.

16:24 Uhr: Höre Donnergrollen. Sehe zur Glastür hinaus. Der Himmel ist schwarz. Es beginnt zu schütten.

Eine Anmerkung für Frauen

Obwohl dieses Buch einem inklusiven Ansatz folgt und ich Leser aller Geschlechtszugehörigkeiten begrüße, richtet sich dieses Kapitel speziell an Frauen. Es behandelt Putzvorgänge in Verbindung mit hormonellen Schwankungen und den Herausforderungen des Alters. Wenn du dich nicht als Frau betrachtest oder dich dieses Thema nicht interessiert, dann springe bitte gleich weiter auf S. 206 zu «Mehr Spaß am Putzen haben». Vielen Dank fürs Lesen bis hierher, wir sehen uns nachher wieder! Und ihr, liebe Frauen, lest einfach weiter.

Okay. Sind die Kerle weg? Wunderbar. Und jetzt hört gut zu, Mädels. Wir werden nämlich das Patriarchat stürzen.

Ich will nicht allzu politisch werden, aber Putzen ist ein feministisches Thema. Wir können nicht über Hausarbeit reden und darüber, wie man sie delegiert, ohne uns einzugestehen, dass all das unfairerweise auf die Schultern der Frauen abgewälzt wird. Frauen putzen viel mehr als ihre männlichen Partner, selbst wenn beide in Vollzeit beschäftigt sind. Diese Ungleichbehandlung auf dem Gebiet der Hausarbeit ist das Relikt einer längst vergangenen Ära, in der die Männer zur Arbeit gingen und die Frauen zu Hause blieben, die Kinder aufzogen und ihre Zitronentorte perfektionierten.

Putzen an sich ist kein antifeministischer Akt. Putzen ist nur der Akt des Schwammzückens (wahlweise kann es auch ein Mopp, Staubsauger oder Besen sein) und der Schmutzentfernung. Doch der kulturelle Druck, ein adrettes Haus zu führen, ist ein Werkzeug partriarchalischer Unterdrückung, denn es sind die Frauen, nicht die Männer, die die Hauptlast des Putzens und Aufräumens schultern. All die Influencerinnen mit den formvollendeten Speisekammern und perfekt entrümpelten Häusern und der weißer-als-weißen Weißwäsche sind in Sachen Haushalt das, was die Kardashians in Sachen Schönheit sind: Die Standards, die sie propagieren, sind genauso unrealistisch, und es sind hauptsächlich wir Frauen, die sie verinnerlichen. Der endlose Druck, diesen Standards gerecht werden zu müssen, gibt uns das Gefühl, unzulänglich zu sein und uns für unser Zuhause schämen zu müssen, und die Zeit, die wir für unsere Hausarbeit aufwenden, hält uns davon ab, Erfüllung in anderen Lebensbereichen zu finden.

Ich könnte nun Statistiken zitieren, aber Statistiken sind langweilig, deshalb stelle ich dir stattdessen einige Fragen.

Wie viele Männer kennst du, die sich nicht ausruhen, wenn sie müde sind, weil sie noch das Haus fertig putzen müssen?

Wie viele Männer kennst du, die «Wie man eine Duschwand reinigt» oder «Wie man Avocadoflecken aus Kleidung entfernt» googeln?

Wie viele Männer kennst du, die wie verrückt putzen, bevor Gäste kommen, und «Entschuldigt bitte die Unordnung!» sagen, wenn der Besuch dann da ist?

Vielleicht einen? Vielleicht zwei? Es ist bestimmt eine Minderheit. Es sind überwiegend Frauen, die den entsprechenden Influencerinnen folgen. Es sind überwiegend Frauen, die die Putzblogs lesen. Und es sind überwiegend Frauen, die Unordnung im Haus bemerken und mit Besen und Kehrschaufeln herbeigeeilt kommen.

«Aber meinem Mann fällt Unordnung einfach nicht auf!», sagen meine Freundinnen, und sie scheinen es wirklich zu glauben. Ihre Männer können nicht gut gucken, ihre Männer haben ein fehlerhaftes Gehirn, oder vielleicht sind ihre Männer einfach genetisch darauf programmiert, schmutziges Geschirr im Spülbecken zu übersehen.

Aber dieselben Männer, die mysteriöserweise blind für nasse Handtücher auf dem Boden sind, registrieren mit laserscharfem Zoomblick die winzigsten Kratzer an ihren Autos und Motorrädern. Ganz eindeutig haben weder ihre Augen noch ihre Hirne einen Defekt – es ist alles nur kulturelle Konditionierung.

Wenn du wirklich nicht rasten noch ruhen kannst, bis dein Zuhause porentief rein ist, lohnt es sich, dich zu fragen, warum. Wenn dein Selbstwertgefühl an die Reinlichkeit deines Hauses geknüpft ist, dann versuche einmal, deine Glaubenssätze über Frauen und Hausarbeit infrage zu stellen. Wenn du dich schlecht fühlst, weil bei dir daheim das Chaos herrscht, frag dich wenigstens, ob das überhaupt stimmt.

Du kannst die Männer in deinem Leben nicht dazu zwingen, mehr Hausarbeit zu übernehmen (obwohl meine Delegierungstipps dir dabei helfen werden, es zu versuchen). Aber du kannst dich weigern, alles allein zu machen, und anfangen, Unordnung zu tolerieren. Je weniger du putzt, umso mehr sägst du am Status quo und umso mehr unterminierst du das Patriarchat.

Und, Ladys, das Patriarchat zu stürzen ist wirklich harte Arbeit. Sorgt dafür, dass ihr euch bei einer Tasse Tee und einem schönen Nickerchen davon erholt. Ihr müsst noch bei Kräften bleiben.

Mehr Spaß am Putzen haben

Männer, willkommen zurück! Nun werden wir uns in die Aufteilung von Hausarbeiten stürzen.

Wenn du mit anderen Menschen zusammenlebst, sollten sie auch ihren Beitrag zur Hausarbeit leisten. Es ist nicht fair, wenn eine Person allein das Putzen übernimmt, und es ist auch nicht fair, wenn die Menschen, mit denen du zusammenlebst, dich wie eine Hausangestellte behandeln. (Ausgenommen natürlich, du bist eine Hausangestellte. Dann ist es völlig angemessen, dich als solche zu behandeln. In diesem Fall solltest du deinen Arbeitgebern nur nicht verraten, dass du ein Buch mit Haushaltstipps für Bequeme liest.)

Die Wahrscheinlichkeit, dass weitere Mitglieder deines Haushalts sich an den Hausarbeiten beteiligen, wird größer, wenn es dir gelingt, ihnen diese Hausarbeiten schmackhaft zu machen und deren Unterhaltungswert hervorzuheben. Anstatt zum Beispiel in den Raum zu stellen, dass jemand «das Klo putzen» möge, bitte darum, dass «der Thron poliert» wird. Kloputzen klingt nach Frondienst und ist mit Fäkalien assoziiert, während «den Thron polieren» furchtbar elegant anmutet und ein Gefühl von Luxus und Reichtum vermittelt.

Niemand in deiner Familie wird «den Boden wischen» wollen, weil es eine nasse und versiffte Angelegenheit ist. Wenn du aber stattdessen vom «Tatortreinigen» sprichst, stellt sich ein aufregendes Gefühl der Dringlichkeit ein, und du könntest mit einer Gefängnisstrafe drohen, wenn die Arbeit nicht sauber ausgeführt wird. Niemand wird außerdem begeistert sein, wenn er «den Müll raustragen» muss. Aber wenn du darum bittest, «rasch alle Beweise zu vernichten», ist man sofort fasziniert und wird sich sputen, bevor die Hundestaffel auftaucht.

«Bezieh die Betten neu», klingt fürchterlich öde und bedeutet ein schwieriges Gefummel mit einem Spannbettlaken. Aber «richte das Schlafgemach her» ist wunderbar sexy und versetzt einen gedanklich in ein Schloss aus dem achtzehnten Jahrhundert. «Die Einkäufe einräumen» ist langweilig, undankbar und dauert ungefähr fünfundsiebzig Stunden. Aber «den Schatz verstauen» hört sich nach einem Triumph an und lässt auf eine Schatztruhe voller Wunder hoffen, die sich in den Einkaufstüten versteckt.

Schließlich und endlich kann sich bestimmt niemand bei dir zu Hause für das «Wäschemachen» erwärmen. Es ist zeitaufwendig und offen gestanden eine Schinderei. Aber «den Sonntagsstaat vorbereiten» erinnert mit seinen romantischen Anklängen an Mieder und einen Ball. Sprich es aus und sieh zu, wie die ganze Familie ein Wettrennen zur Waschmaschine startet.

Erfinde das Narrativ neu. Locke deine Helfer in die Falle. Ein bisschen Manipulation kann überraschende Folgen haben.

So schwörst du die anderen auf die Hausarbeit ein

In einer idealen Welt würden sich alle Mitglieder deines Haushalts im Haus umschauen, selbst sehen, was einer Reinigung bedarf, und sich darum kümmern, ohne dass man sie bitten muss. (Genau genommen hättest du in einer idealen Welt ein selbst reinigendes Haus, aber «sich darum kümmern, ohne dass man sie bitten muss» kommt gleich danach.)

Traurigerweise musst du in dieser realen Welt die Menschen in deinem Haus wahrscheinlich anbetteln, ihren Beitrag zu leisten. Aber ich bin ja da, um zu helfen. Als Mutter dreier Kinder (und Ex-Frau ihres Vaters) verfüge ich über ein beträchtliches Expertinnenwissen in diesem Bereich. Ich besitze abartig viel Erfahrung darin, um Hilfe im Haus zu bitten, und bin sogar noch vertrauter damit, mein Hilfeersuchen ignoriert zu sehen. Ich habe alle möglichen Strategien erprobt, um meine Familie dazu zu bewegen, ihren Teil der Arbeit zu machen, und hatte damit sogar ein- oder zweimal Erfolg über die Jahre.

Manche der folgenden Strategien sind effektiv, manche sind total ineffektiv, und eine Strategie bewegt sich hart an der Grenze zur Illegalität, aber sieh selbst:

Strategie 1: Einen Putzplan erstellen

Der Haushaltsvorstand stellt einen Putzplan auf und weist jeder Person bestimmte Aufgaben zu, die er in einer handlichen Tabelle oder in einem Kalender notiert. Kreative Köpfe gehen nach einem Farbcode vor oder verwenden unterschiedliche Schrifttypen oder Sticker oder goldene Sternchen. Nichts davon wird einen Einfluss auf die Bereitschaft zur Mitarbeit haben, aber die goldenen Sternchen lenken so schön von der Unordnung ab.

Vorteile: Ein Putzplan ist relativ leicht zu erstellen und kann ein kurzweiliges künstlerisches Ventil für Menschen sein, die Spaß daran haben, mit Farbstiften auf Plakaten herumzumalen. Außerdem demonstriert ein Putzplan am Kühlschrank deine Autorität und verleiht sowohl deinem Kühlschrank als auch deinem Haushalt eine gewisse Gravitas.

Nachteile: Autorität und Gravitas sind reine Illusion, niemand wird deinen Dienstplan lesen. Die restlichen Haushaltsmitglieder werden, wenn sie das schmutzige Geschirr zum Spülbecken bringen, einfach daran vorbeigehen.

Effektivität: 2/5.

Strategie 2: Nörgelei

Unter Nörgelei versteht man die wiederholte Aufforderung, der andere möge doch endlich tun, was man von ihm will. In früheren Generationen beschränkte sich

Nörgelei auf Anrufe oder Gespräche von Angesicht zu Angesicht. Dank Smartphone kann man nun auch per SMS, privater Nachricht, E-Mail, Sprachnachricht und Postings auf Social Media bohren.

Vorteile: Nörgelei ist kostenlos und erfordert nicht mehr Equipment als deine Stimme und ein Handy. Du kannst nach Belieben nörgeln oder das Nörgeln auf bestimmte Zeiten während des Tages beschränken (zum Beispiel nach dem Essen, wenn das Spülen ansteht).

Nachteile: Die anderen Haushaltsmitglieder könnten mit Desensibilisierung auf deine Stimme reagieren und dich ignorieren oder deine Nachrichten löschen. Vielleicht könntest du anfangen, deine eigene Nörgelei und Nachrichten zu hassen. Du wirst auf jeden Fall anfangen, den Leuten zu grollen, die du so drangsalierst.

Und übrigens funktioniert es nicht.

Effektivität: 1/5.

Strategie 3: Betteln

Betteln ist das, was passiert, wenn Nörgeln nicht funktioniert und du es einfach nicht mehr aushältst. Wenn du bettelst, bittest du nicht; du flehst, dramatisch, mit Händen und Füßen und Tränen.

Vorteile: Wenn du echte Gefühle beim anderen weckst, kann Betteln extrem effektiv sein. Sehr wenige Leute haben einem geliebten Menschen etwas entgegenzusetzen, der gebrochen auf dem Boden liegt und weint. Deine Familie, dein Partner oder deine Mitbewohnerinnen werden unter Ausstoßung aufrichtiger Entschuldigungen und Versprechungen, es künftig besser zu machen, herbeigeeilt kommen, um dir zu helfen.

Nachteile: Betteln hilft nur alle Jubeljahre, da Weinen die Leute sehr rasch desensibilisiert. Außerdem strengt Betteln den Bettler psychologisch sehr an, besonders wenn er echte Tränen weint. Heb es dir also für Notfälle auf.

Effektivität: 3/5.

Strategie 4: Bestechung

Wenn du jemanden bestechen willst, bietest du ihm Geld oder Geschenke an, um ihn dazu zu bewegen, zu tun, was du von ihm willst. Es ist eine umstrittene Technik, wenn man sie Kindern gegenüber anwendet, und noch umstrittener Erwachsenen gegenüber. Wichtige Voraussetzung dafür ist, dass du die «Währung» des Umworbenen kennst: was genau die jeweilige Person haben will, sodass du es zu deinem Vorteil einsetzen kannst.

Vorteile: Bestechung funktioniert. Wenn du die Währung des Betreffenden herausgefunden hast (Geschenke? Geld? Mehr Bildschirmzeit? Sex?) und bereit und in der Lage bist, damit zu bezahlen, dann bekommst du von ihm, was immer du möchtest.

Nachteile: Bestechung ermuntert die Leute zur Mithilfe im Haus um der persönlichen Bereicherung willen und nicht aus echter Freude darüber, Mitglied einer

Gemeinschaft zu sein, in der sie ihren Beitrag leisten dürfen.

Vorteile: Habe ich schon erwähnt, dass es funktioniert?

Nachteile: Wenn du bar zahlst oder andere materielle Anreize anbietest, wird dich Bestechung Geld kosten.

Vorteile: Ja, ja. Es funktioniert.

Nachteile: Freunde und Familie könnten anfangen, dich zu verachten, weil du deine Kinder oder deinen Partner bestichst.

Vorteile: WEN JUCKT'S, ES FUNKTIONIERT.

Effektivität: 4,5/5.

Strategie 5: Bestrafung

Bestrafung ist wie umgekehrte Bestechung: Anstatt jemanden zu belohnen, der die ihm zugewiesene Hausarbeit erledigt, lässt du denjenigen, der sie nicht erledigt, die Konsequenzen spüren. Einmal mehr musst du die Währung der Person kennen und bereit sein, Ernst zu machen.

Vorteile: Bestrafungen kosten nichts, sind leicht verfügbar und erfordern keine Vorkenntnisse.

Nachteile: Bestrafungen können äußerst unangenehm für die Person werden, die sie verteilt. Sicher, du klingst stark und autoritär, wenn du drohst, das WLAN abzustellen, wenn dein Kind sein Zimmer nicht aufräumt. Aber du bist selbst der oder die Angeschmierte, wenn dein Sprössling sein Zimmer nicht aufräumt und du das WLAN abstellen musst, dein Kind dann wütend wird, sich langweilt und Aufmerksamkeit einfordert und sagt, du seist eine gemeine Mutter oder ein fieser Vater – und dabei willst doch du einfach nur auf der Couch liegen und ein Nickerchen machen.

Außerdem kann Bestrafung schrecklich schnell eskalieren, wenn sie einen Erwachsenen trifft. Du fängst damit an, dass du die Golfschläger deines Partners konfiszierst, wenn er seine Kleider auf dem Boden liegen lässt, er schlägt zurück, indem er deine Autoschlüssel versteckt, du revanchierst dich und wirfst seine Kleider aus dem Fenster, und als Nächstes konsultierst du eine Scheidungsanwältin – und glaub mir, Scheidungsanwältinnen sind teuer. Du bist viel besser dran, wenn du den Anfängen wehrst und eine Reinigungskraft einstellst.

Effektivität: 1/5

Strategie 6: Gewalt

Körperliche Gewalt anzuwenden mag in dunklen Momenten verlockend erscheinen, besonders wenn du mit einem Kleinkind zusammenlebst oder mit einem allwissenden Teenager oder mit einem Partner (egal welchen Alters).

Vorteile: Es ist selbstverständlich wirkungsvoll.

Nachteile: Nein! Tu's nicht! Gewalt ist nie eine Lösung.

Strategie 7: Streiken

Anstatt zu nörgeln, zu betteln, zu bestechen, zu bestrafen, Gewalt anzuwenden (was du nicht tun wirst, weil Gewalt nie eine Lösung ist!), hast du immer die Möglichkeit, in den Streik zu treten. Werde nicht wütend. Drohe nicht. Stelle einfach die Arbeit ein. Wenn die anderen Mitglieder deines Haushalts saubere Klamotten haben wollen oder sauberes Geschirr oder frisches Bettzeug oder eine hygienische Toilette, dann müssen sie selbst dafür sorgen.

Vorteile: Da du nicht länger mit Hausarbeit oder der Wäsche belastet bist, wirst du viel Freizeit haben, die du damit verbringen kannst, Filme zu gucken und Wein auf der Couch zu trinken. Außerdem bringt dein Streik möglicherweise die anderen dazu, sich von ihrer eigenen Couch zu erheben und ihren Beitrag zur Hausarbeit zu leisten.

Nachteile: Es ist genauso möglich, dass niemand genug Sehnsucht nach sauberen Klamotten, sauberem Geschirr, frischem Bettzeug oder einer hygienischen Toilette hat. Es ist deshalb recht wahrscheinlich, dass du nach einer Woche Streik im Dreck watest.

Vorteile: Wenigstens wirst du im Dreck waten, während du Filme guckst und Wein auf der Couch trinkst.

Effektivität: 4,5/5.

NEUN
Neue Besen kehren (nicht immer) gut: Zubehör

Was du nicht brauchst

Sobald du ermittelt hast, was geputzt werden muss, und deine Familie dazu ~~gezwungen~~ animiert hast, ihren Beitrag zu leisten, ist es an der Zeit, sich mit dem richtigen Zubehör einzudecken.

Wenn du Bücher und Blogs und Instagrampostings übers Putzen liest, bist du für deinen Irrglauben entschuldigt, du würdest ein ganzes Arsenal an Gerätschaften benötigen, um deinen Haushalt instandzuhalten. Das ist natürlich nur Propaganda. Tausende von Jahren haben Menschen ihre Behausungen ohne Superturbokehrmaschinen und kabellose bionische Mopps und spezialisierte «Reinigungssysteme» geputzt. Als ich aufwuchs, spülte meine Mutter das Geschirr mit Stoffresten ihres alten Petticoats, wischte den Boden mit einem Besen aus ihrem eigenen Haar, und sie benutzte eine Reinigungslösung aus einem Drittel Essig, einem Drittel Zitronensaft und einem Drittel bitteren Tränen ihrer Kinder.

Heutzutage jedoch reißt der ständige Strom an neuen Geräten nicht ab, die dir helfen sollen, dein Zuhause auf höchst fortschrittliche und komplexe Weise zu putzen. Das vielleicht berühmteste Beispiel ist der Saugroboter, die staubschluckende Scheibe auf Rädern. Der Saug-roboter ist fürs Putzen das, was der Thermomix fürs Kochen ist: teuer, kompliziert, abenteuerlich gehypt und gleichermaßen geliebt wie gehasst.

Woher weißt du, dass jemand einen Saugroboter be-sitzt? Die Leute werden a) es dir sagen und b) ihn dir zeigen, wenn du zu Besuch kommst.

«Das ist Sir Putzelot», werden sie schwärmen und voller Zuneigung lächeln. «Schau dir nur diesen Robo-Cop an!»

Wenn der Roboter in einem Hochflorteppich stecken bleibt – was zwangsläufig der Fall sein wird –, werden sie rufen: «Ups! Sieht so aus, als wäre der kleine Staub-fresser in der Klemme» oder «Komm, Fred, wir holen dich da raus».

Kommt der Roboter mitten im Haus schleifend zum

Stehen, eilen sie ihm zu Hilfe, als wäre ihr geliebtes Kind krank geworden. «Oh, Roberto», werden sie gurren. «Was in aller Welt ist da passiert? Komm, wir bringen dich zurück zur Basis.»

Ein Saugroboter könnte ein liebenswertes Haustier abgeben, aber er ist teuer und total unnötig – genau wie der kabellose Bodenreiniger, der Spezialteppich-Staubsauger oder der Nassreiniger mit zwölf rotierenden Powerbürsten. Freunde lassen nicht zu, dass Freunde tragbare Polsterreinigungsgeräte kaufen oder UV-Desinfektionsleuchten oder aufladbare Schrubber mit sieben verschiedenen Aufsätzen. Du brauchst keine Schiebetürschienenreinigungsbürste, um die Schienen deiner Schiebetür zu reinigen, und du brauchst ganz bestimmt keinen Sterilisator für dein Handy, wenn du es mit einem Petticoatrest und Tränen sauber wischen kannst.

All diese modischen Gerätschaften können dich den gefährlichen, rutschigen Pfad hinab in die Hölle der sinnlosen Technik führen. Du fängst bei einem WLAN-fähigen 3-in-1-Fensterputzroboter an, machst mit einem fliegenden Hoverboard und einem Quadrocopter weiter, und dann investierst du plötzlich in zwielichtige Kryptowährungen und beschäftigst dich mit postmortalem Einfrieren. Es ist viel sicherer, bei einem handelsüblichen Staubsauger, Besen und Kehrblech zu bleiben.

Ist ein herumsausender neumodischer Apparat

wirklich das Wunderprodukt, als das er gehypt wird? Folgende Liste hilft dir bei der Orientierung, ob ein neues Gerät die Anschaffung wert ist.

Du brauchst definitiv und hundertprozentig nicht:
- Den letzten Schrei!
- Die Maschine, die ihre Fans auf TikTok geflasht hat und viral gegangen ist!
- Das neue Gerät, das im Internet durch die Decke geht!
- Die Mehrzweckmaschine, über die jeder spricht!
- Das 6-in-1-System, das deine Putztechnik revolutionieren wird!
- Das Reinigungswerkzeug, von dem berufstätige Mütter nie genug kriegen!
- Den zeitsparenden Apparat, bei dem die Leute außer Rand und Band geraten!
- Das Bestsellerteil, das seinem Hype voll und ganz gerecht wird!

Was du tatsächlich brauchst

Als ambitionierte Haushaltsinfluencerin werde ich nach meiner täglichen Hautpflegeroutine gefragt. (Eigentlich stimmt das gar nicht. Niemand hat mich je danach gefragt.) Ich werde ebenfalls regelmäßig nach meiner Haushaltsroutine gefragt. (Auch das stimmt

eigentlich nicht. Niemand weiß ja, dass ich Haushaltsinfluencerin bin. Offen gestanden habe ich das selbst
bis vor Kurzem nicht gewusst.)

Doch obwohl du nicht gefragt hast, habe ich geant-
wortet. Im Folgenden findest du meine Top-Ten-Grundausstattung, mit deren Hilfe ich mein Haus annehmbar sauber halte. Du wirst feststellen, dass ich keine
teure Hightech-Ausrüstung zum Putzen benutze und
auch keine Reinigungsmittel außer Essig und Natron
verwende. (Haha. Kleiner Scherz – ich habe Essig und
Natron ausprobiert, und sie funktionieren nicht einmal
annähernd so gut wie diese schädlichen Reinigungssprays, die giftige Dämpfe abgeben.)

Top-Ten-Grundausstattung eines gut geführten
Haushalts

1. Eine Reinigungskraft
Eine Reinigungskraft anzustellen ist absolut die beste
Investition, die du in Bezug auf mentale Gesundheit
und Beziehungen machen kannst. Investiere in eine
solche Person, wenn es irgend möglich ist, wenn du es
dir leisten kannst, wenn es etwas gibt, das du aufgeben
kannst, um es dir leisten zu können, wenn es etwas
oder jemanden gibt, das oder den du verkaufen kannst,
um es dir leisten zu können. Selbst wenige Arbeits-
stunden, alle zwei Wochen von einer professionellen
Reinigungskraft geleistet, werden dir einen großen Teil

der Hausarbeitslast abnehmen. Und als Zusatznutzen kannst du, wenn du das nächste Mal Besuch hast, auf die Unordnung deuten und lässig sagen: «Ach, meine Putzfee wird das morgen erledigen», und deine Gäste werden wissend nicken. (Natürlich funktioniert dieser Satz auch, wenn du gar keine Putzfee hast.)

Mir ist klar, dass sich nicht jeder eine Reinigungskraft leisten kann. Wenn du dazugehörst, möchte ich dich dazu ermuntern, dieses Buch in der Buchhandlung umzutauschen und das Geld dazu zu verwenden, eine Reinigungskraft für eine Stunde anzuheuern.

Wenn du das Glück hast, dir eine Putzfee leisten zu können, verfall bitte nicht in den «Meine Putzfee kommt, ich muss aufräumen»-Unsinn. Du musst genauso wenig für eine Reinigungskraft aufräumen, wie du Brot in die Bäckerei bringen musst oder deinem Mathelehrer Algebra-Hausaufgaben aufgeben oder einer Bedienung im Lokal ein Glas Wein anbieten. Es ist der Job der Reinigungskraft, dein Haus zu putzen, und es ist *dein* Job, ihr die Arbeit zu erleichtern, indem du ihr aus dem Weg gehst.

> **Anmerkung des Lektorats:** Bitte tauschen Sie dieses Buch nicht um. Sie können kein Buch zurückbringen, das Sie schon gelesen haben. Außerdem sind wir hier im Verlag der Ansicht, dass ein Buch unendlich mehr wert ist als eine Stunde Fegen und Schrubben.

2. Viele Türen

Türen sind die unbesungenen Helden in Sachen Haushaltsführung. Mach einfach eine Tür auf, wirf dein ganzes Zeug in den Raum dahinter, und voilà, schon ist die Unordnung beseitigt! Eine Tür zu schließen, ist der ultimative, einfache Putz-Hack unserer Zeit.

Türen sind angeblich dazu gedacht, Privatsphäre zu erzeugen, aber das lässt sich so nicht bestätigen. Brauchen deine Thunfischdosen ihre Privatsphäre in der Speisekammer? Braucht dein Bio-Deo Privatsphäre im Badezimmerschrank? Brauchen deine Gummistiefel Privatsphäre auf dem Boden deines Garderobenschranks? Nein, natürlich nicht! Türen existieren, um Unordnung zu verbergen.

Dein Haus kann gar nicht zu viele Türen haben. Wenn du eine Wand oder einen Winkel übrighast, stell dort einen Schrank mit einer Tür hin. Wenn du einen Raum und einen Gang hast, brauchst du eine Tür. Himmel, wenn du einen großen Raum hast, zieh eine Tür in der Mitte ein! Je mehr Türen du hast, desto mehr Bereiche können abgesperrt werden, um die Unordnung wegzuschließen.

Sobald du deine Türen geschlossen hast, versuche, sie nur noch aufzumachen, wenn es unbedingt nötig ist. Dein Ziel ist es, deine Unordnung komplett aus deinen Gedanken zu verbannen, ja zu vergessen, dass sie existiert. Und glaub mir, das ist erstaunlich einfach! Ich bin immer wieder überrascht, wenn ich unseren

Wohnzimmerschrank öffne und die Unmenge an Gerümpel sehe, die sich darin befindet.

Türen sind vor allem dann nützlich, wenn du Gäste hast und den Eindruck von Ordnung vermitteln willst. Geleite deine Besucher geradewegs in den Wohnbereich und halte die restlichen Zimmer vor ihren Blicken verborgen. Denk nicht mal daran, deine Gäste durch dein Heim zu führen – du bist keine Kleinstadtbürgermeisterin, die versucht, die touristische Werbetrommel zu rühren. Biete einfach ein Glas Wein und jede Menge Schokokekse an, und deine Gäste werden ihre Neugier komplett vergessen.

Ich habe allerdings festgestellt, dass manche Eltern als Bestrafung für schlechtes Verhalten damit drohen, die Tür zum Zimmer ihrer Kinder zu entfernen. Wie du weißt, halte ich mich mit Bewertungen extrem zurück, was elterliche Entscheidungen betrifft. Das, was für dich und deine Familie funktioniert, ist der richtige Weg. Aber die Tür zum Zimmer eines Teenagers entfernen? Mein Gott! Teenagerzimmer sind Höhlen des Horrors und der Sittenlosigkeit und sollten entschieden vom Rest des Hauses abgeschottet werden. Deine Augen sollten nicht dem Anblick der Gräuel darin ausgesetzt sein. Dein emotionales Wohlbefinden hat Priorität vor dem Erziehungsbedarf deines Teenagers. Rettet euch, ihr Lieben! Rettet euch und schließt diese Tür.

3. Kleine Teppiche

Kleine Teppiche sind eine gute Alternative für jene Bereiche in deinem Haus, wo sich keine Tür anbringen lässt – deine Couch im Wohnzimmer zum Beispiel oder der Boden im Zimmer deines Kindes oder dein Bett. Trage alles, was herumliegt, auf einem Haufen zusammen, wirf einen Teppich darüber, und bingo – der Raum sieht sofort aufgeräumt aus.

4. Babyfeuchttücher

Babyfeuchttücher sind dazu gedacht, den kleinen Popo von Babys zu säubern. Zumindest ist das der Plan, und so steht es auch auf der Packung. Tatsächlich sind Babyfeuchttücher ein Wundermittel, mit dem man abstauben, schrubben und hartnäckige Flecken entfernen kann. Ich habe keine Ahnung, welche kraftvollen Wirkstoffe sie enthalten – und offen gestanden will ich es auch gar nicht wissen –, aber diese harmlos aussehenden Tücher können fast jede Oberfläche porentief reinigen.

Natürlich sind Babyfeuchttücher nicht gut für die Umwelt, und sie sind wahrscheinlich auch ziemlich giftig für dein Baby. Ich habe ein Babyfeuchttuch einen Ölfleck auf dem Teppich entfernen sehen; vermutlich könnte es auch Teile deines Kindes entfernen. Dennoch handelt es sich dabei um das ultimative Reinigungsaccessoire, und – was das Beste ist – du brauchst gar kein Baby, um es zu kaufen!

Babyfeuchttücher sind eines der größten offenen Geheimnisse der Haushaltsführung und finden nur deshalb so selten Beachtung bei Influencern, weil sie Angst haben, dass dies der Untergang ihrer gesamten Branche sein könnte. Wie bekommst du Fingerabdrücke von einer Wand? Babyfeuchttücher! Der beste Weg, Nippes abzustauben? Babyfeuchttücher! Wie Flecken aus einem Teppich reiben? Babyfeuchttücher! Wie deine Böden saugen? Nun, das können Babyfeuchttücher nicht, aber du verstehst, worum es geht. Wie dein Haus reinigen? Babyfeuchttücher! (Nur lass sie nie an ein richtiges Baby. Diese Feuchttücher sind stark.)

5. Babypuder
Babypuder bekommt Ölflecken aus allem heraus und riecht erfreulich frisch. (Was hat es eigentlich mit der Reinigungskraft dieser Produkte auf sich, die eigentlich für Babys gedacht sind?)

6. Eine Kaffeemaschine
Eine Kaffeemaschine putzt dein Haus natürlich nicht. Eine Kaffeemaschine kocht aber Kaffee, und Kaffee reinigt deine Seele und spült deinen Schmerz fort. Du brauchst die heilenden und erhebenden Kräfte des Koffeins, um deine Hausarbeiten effektiv zu erledigen. Nimm das Geld, das du für einen Turbo-Supermopp ausgegeben hättest, und verwende es für einen Kaffeeautomaten der Luxusklasse. Und kaufe ein paar hüb-

sche Kaffeetassen, wenn du schon dabei bist. Du wirst jeden Tropfen genießen wollen.

7. Anständige Kopfhörer

Wenn du schon Hausarbeit machst, dann musst du in der Lage sein, dabei Musik zu hören – oder wenigstens einen informativen Klatsch-und-Tratsch-Podcast. Die Zeit vergeht viel schneller, wenn du den aktuellen Ohrwurm über Oralsex mitsingst oder erfährst, welche Promis sich mit ihrem Ex versöhnt haben, welcher Promi wieder im Entzug ist und welcher rassistische/sexistische/homophobe Tweet welches Promis von vor sieben Jahren gerade ausgegraben wurde.

8. Ein Bügeleisen

Haha, nein. Du brauchst kein Bügeleisen! Mach dich nicht lächerlich! Ich wollte nur sehen, ob du auch aufpasst. Kaufe Dinge, die nicht knittern, oder kauf sie nicht. Wer zum Henker hat schon Zeit zum Bügeln?

9. Unordentliche Freunde

Dieser Punkt ist wichtig, und ich erkläre dir auch, warum. Warst du je mit Freundinnen beim Essen, und als die Bedienung fragte, ob jemand Nachtisch wolle, habt ihr euch alle fragend angesehen? Du würdest so gern die Schokoladenmousse mit Vanilleeis bestellen, aber dann schüttelt Mandy den Kopf, und Carole sagt Nein, und Lisa antwortet: «Nicht für mich», und natürlich kannst du dann nicht als Einzige ein Dessert bestellen! Und so legst du traurig die Speisekarte weg, während der Traum von der Schokoladenmousse zerplatzt, und bittest die Bedienung: «Nein, nur die Rechnung.»

Aber wenn Janine sich als Erste zu Wort gemeldet hätte: «O ja, ich nehme den Apfelkuchen», dann hätte Lisa den Käsekuchen bestellt und Carole das Baisertörtchen, und du hättest deine Schokoladenmousse bekommen, und Mandy hätte um einen Extralöffel gebeten.

Was ich damit sagen will: Innere Einstellungen sind ansteckend. Wenn all deine Freundinnen ordentlich sind, wirst du dich genötigt fühlen, ebenfalls ordentlich zu sein. Wenn die meisten deiner Freundinnen das Chaos auf zwei Beinen verkörpern, dann wirst du dich mit deiner Unordnung sehr viel besser fühlen.

Natürlich kannst du weiter mit ordentlichen Menschen befreundet bleiben. Es gibt auf der Welt ordentliche Menschen, die viele gute Eigenschaften haben, vorausgesetzt, dass du deine Schuhe gut abstreifst, bevor du ihr Haus betrittst, und dass du dein Glas immer auf einem Untersetzer abstellst. Aber sorge auch dafür, tiefe und dauerhafte Freundschaften mit unordentlichen Leuten zu pflegen. (Außerdem solltest du Freunde haben, die immer Nachtisch bestellen, aber das ist eigentlich selbstverständlich.)

10. Alkohol und Schokolade
Das muss ich nun wirklich nicht erklären.

ZEHN
Lache, und die Welt lacht mit dir, putze, und du putzt allein: Wie du deinen Haushalt schaffst

Das Gegenteil eines Zeitplans

Haushaltsführungsjunkies fühlen sich erst mit Zeitplänen so richtig wohl. Geh auf den Putzblog deiner Wahl (oder auch nicht, ich jedenfalls vermeide es), und du wirst einen kostenlosen, farbcodierten Hausarbeitsplan als handliches PDF zum Herunterladen finden. Solche Zeitpläne sind detailreich, voller Vorschriften und entsetzlich stumpfsinnig, und ich habe noch keinen zu Ende gelesen. Nach allem, was ich ihnen entnehmen kann, sind dort bestimmte Hausarbeiten einzelnen Wochentagen zugeordnet. Einmal in der Woche macht man die zeitaufwendigeren Jobs, einmal im Monat den Frühjahrsputz, und am Ruhetag ist nur die Wäsche dran.

Jetzt mal abgesehen von der Ungeheuerlichkeit eines Ruhetages mit Wäschemachen (ich meine, wenn das erholsam wäre, würde es doch wohl «Nickerchen» heißen), bin ich nicht für Putzpläne zu haben. Erstens ist ein Zeitplan nicht nachhaltig, genau wie der Heimtrainer, den du dir im Affekt während einer Pandemie zugelegt hast. Du heißt ihn voller Aufregung in deinem Leben willkommen, benutzt ihn ein- oder zweimal, und dann steht er verwaist ein Jahr lang in deinem Zimmer.

Zweitens kann ein Putzplan deinem Selbstwertgefühl abträglich sein. Sicher, es ist eine wunderbare Bestätigung, wenn du deine tägliche Hausarbeit erledigt hast und sie zufrieden auf deiner Liste abhaken kannst. Aber wenn du deine Aufgaben nicht schaffst, wird dir dieser unbeugsame, aufgeblasene Zeitplan quer durch den Raum tadelnd entgegenblicken.

Und schließlich und endlich sind wir Menschen einfach nicht gemacht für strenge Zeitpläne. Wir sind Geschöpfe des Universums! Wir sind Kinder der Natur! Wir vibrieren vor Energie und hormonellen Schwankungen! Wir können uns nicht in einen künstlichen Zeitplan pressen lassen, der unsere emotionalen Bedürfnisse nicht ernst nimmt.

Anstatt dir selbst einen Hausarbeitsplan aufzuerlegen, solltest du mit «intuitivem Putzen» experimentieren. Intuitives Putzen ist das Gegenteil von engstirnigem Putzen nach Plan. Es schreibt dir nicht vor, was du an welchem Tag oder in welcher Woche zu putzen hast. Intuitives Putzen will, dass du auf dich selbst hörst und deinen eigenen natürlichen Rhythmen und Wünschen folgst. Nur du entscheidest, wann es Zeit ist, das Bettzeug zu wechseln oder Wäsche zu waschen oder den Badezimmerboden zu schrubben. Intuitives Putzen

macht dich zur Hausarbeitsexpertin nach Stimmungs-
lage.

Wie genau intuitives Putzen geht, kann ich dir leider
nicht sagen. Du musst dich allein auf deine persönliche
Putzreise wagen. Ich kann dir allerdings einen Rahmen vorschlagen, wie du damit loslegen kannst. Achte
einfach auf deine eigenen Bedürfnisse, Stimmungen
und Putzwünsche und lass stets die Intuition deinen
Schwamm führen.

Intuitives Putzen

Was du am besten putzt, wenn ...
... du zornig bist: Zorn wartet mit geballter Energie und
laserscharfer Konzentration auf. In evolutionären Begriffen gesprochen, sind diese Energie und diese Konzentration dazu ausgelegt, den Gegenstand unseres
Zorns zur Strecke zu bringen und zu erschlagen. Da
die moderne Welt die meisten Morde nicht so gut findet, solltest du stattdessen deine Zornenergie in fisse-
lige Hausarbeiten kanalisieren, die Konzentration und
Tatendrang erfordern. Nutze deinen Zorn, um die
Jalousien und Gardinenstangen abzustauben und zu
säubern, und vergiss auch all die winzigen Nischen und
Winkel in deinem Haushalt nicht. Zorn ist auch ideal
zum Schrubben und Scheuern, denn die repetitiven
Bewegungen erinnern ein bisschen ans Boxen.

... du dich über jemanden in deinem Haus ärgerst: Ärger ist die perfekte Gelegenheit, Geschirr zu spülen, die Spülmaschine auszuräumen oder auch den Tisch abzuräumen. Teller und Schüsseln können mit Schmackes auf Arbeitsplatten geknallt werden, Gläser zum Klirren und Besteck zum Klappern gebracht werden. Denk allerdings immer daran, dass es das Ziel des Tellerknallens und Gläserklirrens ist, die Person, die dich ärgert, über ihr Fehlverhalten in Kenntnis zu setzen. Wenn sie den Köder schluckt und dich fragt, was denn los sei, dann knall nicht noch einen Teller auf den Arbeitstisch und sag dabei: «NICHTS!» Formuliere deinen Ärger. Bekenne dich zu deinen Gefühlen. Sag der Person genau, was sie getan hat. Und dann lass sie das ganze verdammte Geschirr spülen.

... du gestresst bist: Stress macht uns zappelig und ist der ideale Brennstoff für beruhigende Aufgaben mit Wiederholungscharakter, die nicht viel Aufmerksamkeit erfordern. Nutze deinen Stress, um zu saugen, zu wischen, Fenster zu putzen, Oberflächen zu reinigen und abzustauben. Behalte aber im Hinterkopf, dass dich Stress leicht ablenkt und unachtsam macht, daher meide in diesem Zustand Bereiche, die durch zu intensives Putzen Schaden nehmen könnten. (Schlafzimmerdecken zum Beispiel. Wer hätte gedacht, dass Farbe sich so leicht auflöst?)

... *du überfordert bist:* Überforderung ist *die* Gelegenheit, die Wäsche zu waschen. Das ist leicht, setzt wenig Gehirnleistung voraus und vermittelt dir ein sofortiges Erfolgserlebnis.

... *du traurig bist:* In dieser Verfassung beziehst du am besten das Bett neu. Es ist immer extrem tröstlich, frische, saubere Bettwäsche zu haben. Außerdem kannst du dich nach getaner Arbeit zu einer Runde therapeutischem Heulen aufs Bett werfen.

... *du aufgeregt oder nervös bist:* Aufregung triggert die Ausschüttung von Adrenalin und erschwert es uns, stillzusitzen, auf einem Fleck stehen zu bleiben oder uns auf eine Aufgabe zu konzentrieren. Dies ist der perfekte Zustand, um Unordnung zu bekämpfen. Lauf einfach kreuz und quer durch alle Zimmer, wohin deine Nerven dich auch immer lotsen, heb Sachen auf und leg sie an den Ort zurück, an den sie gehören.

... *du dich langweilst:* Du bist rastlos? Lustlos? Unsicher, wie du die Stunden herumkriegen sollst? Fühlst du dich unwohl dabei, einfach nur in stiller Versenkung dazusitzen? Ergreife die Gelegenheit, dich an die Arbeit zu machen und all die Schriftstücke zu sortieren und abzulegen, die sich seit Monaten auf dem Tisch im Flur stapeln. Nach zehn bis zwanzig Minuten wirst du dich nach jenen süßen Momenten der Langeweile sehnen und es zu schätzen lernen, einfach mal nichts zu tun zu haben.

... du glücklich und zufrieden bist: Dies ist der einzige zuverlässige Zeitpunkt, um die Reinigung des Kühlschranks in Angriff zu nehmen. Wenn du in dir ruhst, kannst du den Kühlschrank ausräumen und ihn putzen, ohne vor lauter Stress das drei Tage alte Schnitzel zu essen oder dich auf dieses bedenklich aussehende Stück Käse zu stürzen.

... du Angst hast: Putz das Bad. Es gibt keinen besonderen Grund, das Bad zu putzen, wenn du dich fürchtest, aber es ist immer gut, ein sauberes Bad zu haben, und du kannst ebenso gut deine Angst in etwas Positives verwandeln.

... du Termindruck hast: Dies ist der perfekte Zeitpunkt, mit dem aufzuhören, was du gerade tust, und deine Speisekammer neu zu ordnen.

Top Tipps für Ordnung und Organisation
Die Freude an der Unordnung in deinem Leben willkommen zu heißen bedeutet, dass du dein eigenes, persönliches Organisationssystem respektieren lernst, selbst wenn es auf Außenstehende willkürlich und chaotisch wirkt. Ebenso, wie ich dich dazu ermutige, beim Putzen deiner Intuition zu folgen, ermutige ich

dich dazu, es auch beim Ordnen zu tun. Es gibt nicht den einen «richtigen» Weg, deine Speisekammer oder deinen Kleiderschrank zu organisieren, noch gibt es den einen «besten» Weg, all deine Sachen zu verstauen. Wenn du deine Schuhe im Gemüsefach der Tiefkühltruhe unterbringen, deine unbezahlten Rechnungen an den Spiegel im Bad heften oder deine Bücher neben deine Kurzwaren im Schlafzimmerschrank stellen möchtest, dann wünsche ich dir viel Kraft für deine innovativen Ideen.

Ich werde in etwa so häufig zu meinen Organisationssystemen und -praktiken befragt wie zu meiner Hautpflegeroutine (was, wie du weißt, nie der Fall ist). Doch ich bin schließlich eine ambitionierte Haushaltsinfluencerin, und daher fühle ich mich genötigt, meine Tipps und Tricks zur Haushaltsorganisation mit dir zu teilen. Lies sie und schätze sie, aber bitte befolge sie nicht. Ich möchte deine eigene, dir angeborene Kreativität nicht im Keim ersticken.

1. Den Kühlschrank organisieren
Ich habe ein extrem effizientes System, meinen Kühlschrank zu organisieren. Wenn ich verderbliche Lebensmittel kaufe, verstaue ich sie im Kühlschrank. Wenn ich etwas essen will, hole ich es aus dem Kühlschrank heraus. Wenn ich einen schimmelnden Haufen Gemüse oder Reste vom letzten Monat erspähe, Milchprodukte entdecke, die komisch riechen, oder Fleisch,

das schon pelzig ist, nehme ich es aus dem Kühlschrank und werfe es weg. (Einmal, nur einmal, habe ich von den Resten probiert, aber das werde ich nie wieder tun.)

2. Die Speisekammer organisieren

Ich habe gründlich darüber nachgedacht, wie ich meine Speisekammer organisieren soll – es galt, so viele Möglichkeiten zu berücksichtigen! Ich hätte meine Lebensmittel nach der Größe der Verpackung sortieren können oder vielleicht nach der Farbe, der Form oder auch der Beschaffenheit. Ich hätte meine Lebensmittel nach Geschmack – süß versus herzhaft oder wirklich lecker versus gesund – ordnen können. Stattdessen entschied ich mich für einen Kompromiss und eine Kombination aus allem. Ich sortierte die rechteckigen Sachen nach links, die roten Packungen in die Mitte, die großen Pakete nach rechts, die Süßigkeiten nach vorn und die gesunden Dinge nach ganz hinten. Das fühlt sich abwechslungsreich an und hält meine ganze Familie auf Trab.

3. Den Wäscheschrank organisieren

Meine Bettlaken wissen nicht, ob sie nur zusammengerollt oder fein säuberlich zusammengelegt wurden, genauso wenig wie wir, die wir darin schlafen. Ich stopfe sie einfach in den Wäscheschrank und hole sie wieder heraus, wenn ich sie brauche.

4. Den Spielzeugschrank der Kinder organisieren

Als meine Kinder noch klein waren, habe ich ihren Spielzeugschrank nicht aufgeräumt. Warum auch? Nie im Leben hat ihn eines meiner Kinder je geöffnet. Selbst als sie alt genug waren, um das Konzept der Objektpermanenz zu begreifen, spielten sie nur mit Spielsachen, die bereits auf dem Boden lagen. Meine Tochter hätte zum Beispiel liebend gern mit ihrer Barbie gespielt, aber wenn ich sie in den Spielzeugschrank steckte, vergaß meine Tochter sie und spielte stattdessen mit ihrem Kinderschlagzeug. (Die Ausnahme wäre natürlich gewesen, wenn ich ihre Barbie ausgemustert hätte. Dann hätte sie sie nämlich unbedingt behalten wollen und erklärt, es sei ihr liebstes Spielzeug auf der ganzen Welt.)

5. Den Kleiderschrank organisieren

Wie du bereits weißt, hänge ich alles in meinem Kleiderschrank auf Bügel. Das gilt auch – was du vielleicht noch nicht weißt – für die unterstützendsten Kleidungsstücke von allen: meine BHs.

Offenbar ist es nicht allgemein üblich, BHs aufzuhängen, was nur wieder zeigt, dass die meisten Haushaltsinfluencerinnen nicht ganz so innovativ sind, wie sie immer glauben. Das habe ich durch einen ziemlich demütigenden Homeoffice-Lapsus während der jüngsten katastrophischen globalen Pandemie erfahren. Ich gab – mitten im Lockdown – ein Interview in meinem

Schlafzimmer, und als ich auf dem Zoom-Bildschirm mich selbst erspähte, rutschte mir fast das Herz in die – unsichtbare – Hose. Denn im Hintergrund stand mein Kleiderschrank offen, und er gab den Blick frei auf meine BHs, die an der Türinnenseite an ihren Selbstklebehaken aus dem Baumarkt baumelten.

Da hatte ich ganz eindeutig meine eigene Regel gebrochen, die Türen geschlossen zu halten. Tu, was ich dir sage, und nicht, was ich selbst tue! Doch nach diesem Zwischenfall geschah etwas Außergewöhnliches. Frauen aus dem ganzen Land schrieben mir, ich hätte ihr Leben verändert – denn von jetzt an würden auch sie ihre BHs aufhängen. Sie hielten mich für eine Art Schrankpionierin.

Natürlich weißt du inzwischen, dass ich meine BHs nur aufhänge, weil ich faul bin und keine Schubladen mag. Aber meine revolutionäre Idee bewies zweierlei: Unordnung ist erstens zukunftsträchtig – ihr Chaoten da draußen, jetzt schlägt unsere Stunde! Und zweitens solltest du bei einem Zoom-Termin wirklich dringend deinen Hintergrund checken. Vorzugsweise, bevor die Übertragung beginnt.

6. Mein Bücherregal organisieren

Meine Einstellung zum Büchersortieren ist ein wenig umstritten. Ich teile Bücher weder in Literatur versus Sachbuch ein noch in Science-Fiction versus Romance noch in Thriller versus Komödie. Für mich fallen

Bücher lediglich in eine von zwei Kategorien: Bücher, die ich liebe, und alle anderen Bücher. Ich ordne die Bücher, die ich liebe, in meinem Regal in der Reihenfolge, in der ich sie gelesen habe. Die Bücher, die ich nicht liebe, staple ich neben der Haustür. Wenn du eins davon haben möchtest, lass es mich wissen.

7. Meinen Nachttisch organisieren

Kleiner Scherz! Natürlich organisiere ich meinen Nachttisch nicht! Das wäre super seltsam. Ich stopfe einfach alles hinein, hole einmal alle Jubeljahre was heraus und bete, dass niemals jemand anders außer mir einen Blick hineinwirft.

Zeitstrahl: Den Frühjahrsputz machen

10:00 Uhr: Es ist ein regnerischer Sonntagmorgen, und meine Kinder sind alle unterwegs. Das Haus sieht aus wie ein Saustall. Das ist der perfekte Tag für einen Frühjahrsputz!

10:18 Uhr: Lade einen Putzplan von der Website *Mein Haus ist sauberer als deins* herunter. Er ist sehr inspirierend.

10:26 Uhr: Gehe den Plan bei einer Tasse Kaffee durch. Der Plan besagt, dass ich damit anfangen sollte, die Küche zu putzen, um mich anschließend durch die Schlafzimmer zum Wohnraum vorzuarbeiten und am Ende

mit den Badezimmern und den Fenstern abzuschlie-
ßen. Das klingt hart.

10:30 Uhr: Lösche den Putzplan.

10:32 Uhr: Öffne YouTube, suche nach «Inspiration zum Putzen» und starte ein Acht-Stunden-Video mit dem Titel *Cheryl macht sauber*. Eine attraktive Blondine erscheint auf dem Bildschirm, und ich frage mich flüchtig, ob ich aus Versehen in einem Nischenporno gelandet bin.

10:33 Uhr: Nö. Kein Porno. Cheryl putzt wirklich ihr Haus.

10:35 Uhr: Cheryl saugt die Böden. Das ist alles andere als inspirierend. Klicke das Video weg.

10:36 Uhr: Beschließe, rasch auf Instagram nach dem Stand der Dinge zu sehen, bevor ich mit dem Frühjahrsputz beginne.

10:52 Uhr: Wische ein paar Tränchen weg. Wow. Bei diesen Wiedersehensvideos werde ich immer so emotional.

10:53 Uhr: Okay. Ich gehe es jetzt an.

10:54 Uhr: Zücke einen Schwamm. Ich werde mit dem Kühlschrank beginnen. Ich öffne ihn. Ooooh, Kuchen!

10:58 Uhr: Mmmhmmm. Dieser Kuchen ist absolut köstlich.

11:02 Uhr: Jetzt fange ich aber definitiv gleich mit dem Putzen an! Ich schaue nur rasch noch auf Twitter nach dem Rechten.

11:16 Uhr: Okay. Ich werde jetzt aber so was von wirklich putzen.

11:17 Uhr: Greife mir einen Staublappen und Reinigungsspray.

11:18 Uhr: Sehe mich im Haus um. Auf dem Küchentisch liegt ein Stapel Papier und im Flur ein Haufen Wäsche. Die Fenster könnten wahrscheinlich einen Schwamm gebrauchen und die Bücherregale einen Staublappen. Die Speisekammer ist im Zustand der Verwahrlosung. Eine Plastikgiraffe liegt auf dem Boden.

11:20 Uhr: Sehe aus dem Fenster. Der Regen lässt nach. Ich könnte im Café sitzen und die Zeitung lesen. Ich könnte meine Mum anrufen und mit ihr verabreden, dass ich sie zum Mittagessen besuche. Ich könnte spazieren gehen und einen Podcast anhören. Ich könnte auf einen Flohmarkt gehen. Ich könnte eine Freundin besuchen.

11:21 Uhr: *Muss ich wirklich putzen?*, frage ich mich. Das Haus sieht ganz okay aus.

11:22 Uhr: Lege den Staublappen weg. Nein, denke ich. Nicht heute.

Putz-Hacks

Gib in die Suchmaschine deiner Wahl «Putz-Hacks» ein, und du bekommst ungefähr neunundachtzig Millionen Treffer. (Ich weiß, das ist viel. Du wirst wahrscheinlich ein größeres Haus brauchen.)

Putz-Hacks sind die jüngeren Geschwister des Kultkaufs. Sie sind verspielt und lustig, eignen sich zur Vorführung vor deinen Freunden, und sie wollen nicht dein Geld oder dass du dich lebenslang zu etwas verpflichtest. Putz-Hacks sind auch ein bisschen seltsam und manchmal sozial inakzeptabel, und oft zeigen sie extrem eigenartige Verwendungsmöglichkeiten von Zahnpasta, Cola, alten Socken, Tee, Zitronen, Wodka, Haarspray, Rasiercreme und natürlich Essig und Natron.

Die meisten Putz-Hacks werden dir nicht viel Zeit sparen helfen, aber möglicherweise Geld. Das hängt von der Qualität der Zahnpasta ab, die du kaufst, und von der Tatsache, ob du Designersocken trägst. Putz-Hacks sind auch unterhaltsam, wenn du dich für die unkonventionellen Verwendungsmöglichkeiten von Kaffeefiltern interessierst oder Freude daran hast, faszinierende Dinge mit Spülmaschinentabs anzustellen, während weit und breit keine Spülmaschine in Sicht ist.

Doch auch der viralste Putz-Hack ändert nichts an den Wesenszügen des Putzens. Du kannst deinem Badezimmer nicht mit einer Limette und einer Dose Rasiercreme winken und zusehen, wie es auf wundersame Weise in einen klinisch reinen Zustand übergeht. Putzen ist mühselig und unerquicklich; wenn es nicht so wäre, würde ich es viel öfter tun.

Dennoch gibt es eine Handvoll Putz-Hacks, die die Putzarbeit in deinem Haus beträchtlich reduzieren werden. Diese Hacks werden auf keiner Website eines Putz-Influencers genannt, und du findest sie auch in keinem anderen Buch. Aus keinem dieser Hacks kann man Profit ziehen, sie können nicht zu Geld gemacht oder verkauft werden. Bis jetzt waren sie ein streng gehütetes Geheimnis, das die gesamte Reinigungsindustrie dem Untergang weihen könnte. Ich teile sie hier mit dir, obwohl man mich beschworen hat, es nicht zu tun; ich hoffe nur, dass sie dich noch rechtzeitig erreichen.

Drei Putz-Hacks, die wirklich funktionieren

1. Such dir einen Partner, der gern putzt
Dies ist ein wirklich lebensverändernder Hack – vielleicht die größte Investition, die du in deine Reise zur Erlösung vom Putzen machen kannst. Doch lass Vorsicht walten: Du willst keinen Partner, der über die Maßen ordentlich ist, denn das könnte ziemlich nervig werden. Was du dir wünschst, ist ein Partner, der Befriedigung aus Hausarbeit zieht – genauer gesagt daraus, hinter dir und etwaigen gemeinsamen Haustieren oder Kindern hinterherzuräumen und zu -putzen.

Wenn du allerdings schon in einen Partner investiert hast, der es *nicht* liebt zu putzen, denk darüber nach, ihn gegen ein neues, verbessertes Modell umzutauschen. Das mag kurzfristig mit emotionalem Aufwand verbunden sein, aber es wird sich zukünftig definitiv auszahlen.

2. Schaff dir keine Kinder an
Kinder werden schon chaotisch geboren, und ich meine das so, wie ich es schreibe. Hast du je zugeschaut, wie ein Kind zur Welt kommt? Es ist eine Wahnsinnssauerei, die da aus jeder Körperöffnung kommt. Und lass es mich in aller Deutlichkeit sagen: Danach wird dein Kind auch nicht sauberer werden. Meine Tochter wurde in einer Welle aus Blut und Schleim geboren, und ehrlich gesagt war das der reinlichste Tag ihres Lebens. Sie ist

einfach eine Schmutzmaschine und legt eine Spur von Krümeln und Verpackungsfolie und Spielschleim und Nagellack durchs ganze Haus.

Rette dich. Bleib kinderlos und vermeide die endlose Kaskade aus Schmutz, die kleine Kinder produzieren. (Wenn es zu spät ist und du schon ein oder zwei Kinder hast, dann halte dich bitte an Punkt 1.)

3. Schaff dir keine Haustiere an

Ich habe eine Katze, die extrem destruktiv ist. Penny zerkratzt sämtliche Polster, sie zerfetzt die Teppiche, hinterlässt ihre Haare auf den Möbeln, verteilt ihre Katzenstreu in der Wohnung und deponiert Eidechsenleichen unter meinem Bett. Schlimmer noch, sie drückt ihre Unzufriedenheit mit egal welchem Futter aus, das ich ihr anzubieten wage, indem sie es hinunterschlingt, wie ein Bär brummt und es dann mitten auf dem Teppich wieder auskotzt. Penny ist anbetungswürdig, und wir lieben sie, aber für unser Zuhause stellt sie eine ernste Bedrohung dar, und ich will mir gar nicht vorstellen, was für eine Verwüstung ein Hund anrichten würde.

Finger weg von Haustieren! Sie sind Hauszerstörungswaffen! (Wenn es zu spät ist und du schon ein oder zwei Haustiere hast, dann weißt du, was zu tun ist.)

Richte ein Chaos an und iss es auf

Einer der größten Konstruktionsfehler des Menschen ist unser fortwährendes Bedürfnis nach Nahrung. Die Essenszubereitung bringt in den eigenen vier Wänden mehr Unordnung hervor als jede andere Aktivität im Haushalt (mit Ausnahme einer heimischen Wassergeburt, die ich glücklicherweise nie selbst erlebt habe).

Ich kann die Unordnung in meinem Haus so lange in überschaubarem Rahmen halten, bis ich versuche, Essen zu kochen. Selbst die einfachsten Gerichte verursachen schmutziges Geschirr, klebrige Arbeitsplatten, Ölspritzer und haufenweise Krümel, und dann habe ich ja erst die Zutaten aus der Speisekammer geholt. Wenn das Essen fertig ist, bin ich umringt von verkrusteten Töpfen, verschmutzten Tellern, schmierigen Ofenrosten, einem fettgesprenkelten Spritzschutz und dem anhaltenden Odeur von Rindercurry und Reue.

Meine Mutter hat mir beigebracht, dass man am besten mit dem Durcheinander beim Kochen umgeht, indem man währenddessen schon aufzuräumen beginnt. Was meine Mum zu erwähnen vergaß, ist, dass nebenher Aufräumen immer noch Putzen ist, und ich habe ja eine gepflegte Abneigung gegen jede Form von Putzen.

Was das Kochen anbelangt, halten sich Kosten und Nutzen in meinem Fall nicht wirklich die Waage. Ich verbringe eine Stunde und länger mit Kochen und Aufräumen, nur damit meine Kinder das Essen in zehn Minuten inhalieren. Und am nächsten Tag dann – oder manchmal auch schon später am Abend – haben sie wieder Hunger und wollen wieder essen! Ich vermute, ich wäre viel begeisterter vom Kochen, wenn meine Kinder nur gelegentlich etwas zwischen die Zähne bräuchten, sozusagen als kleine Belohnung.

Heutzutage ist es ein radikaler Schritt, sich der Kochkultur zu verweigern, vielleicht noch radikaler, als voller Freude unordentlich zu sein. Wir leben im Zeitalter der Promiköche, von Back- und Kochwettbewerben im Fernsehen, bei denen Amateurköche regelmäßig weinend zusammenbrechen. Und natürlich ist da noch unsere Besessenheit, Foodfotos auf Instagram mit Hashtags wie #foodporn, #instafood, #Gesundessen und #lecker zu posten. Ich grüble noch immer darüber, was die Leute dazu treiben mag, Fotos ihrer Pasta online zu stellen. Ich verbringe inzwischen mehr Zeit damit, unfreiwillig Fotos von Mahlzeiten zu betrachten, als mir die Menschen anzuschauen, die sie essen.

Dennoch bin und bleibe ich radikal, und wenn mein Werk nur einem Menschen helfen kann, dann war es das wert, eine Kochverächterin zu sein. Daher teile ich jetzt mit dir meine Lieblingsrezepte für Menschen, die das Saubermachen wirklich hassen. Genieße sie und denk immer daran: Ein Ofen ist nicht zwingend zum Kochen da! Du kannst darin auch nur dein mitgebrachtes Essen aufwärmen.

Abendessen ohne Schweinerei für die ganze Familie

Zutaten

1 Smartphone

Zubereitung

1. Smartphone zur Hand nehmen.
2. Die App eines Lieferservice herunterladen.
3. Eine kulinarische Richtung auswählen, die alle Mitglieder deines Haushalts mögen. (Beachte: Dieser Schritt ist knifflig und kann, wenn er nicht mit der nötigen Ernsthaftigkeit betrieben wird, zu heftigen Gefühlsausbrüchen führen wie «Du weißt doch, dass ich Sushi hasse!» oder «Ich habe Pizza so satt» oder «Warum darf immer Michael entscheiden?».)
4. Das Essen bestellen und auf der App alle zwei Minuten nach dem Lieferstatus sehen. (Dein Essen ist unterwegs!)
5. Auf die Türklingel lauschen.
6. Die Haustür öffnen und das Essen entgegennehmen.

Abwaschen

Entfällt, wenn ihr aus den gelieferten Einwegbehältern esst.

Bananenüberraschung

Zutaten

1 Banane

Zubereitung

1. Die Banane schälen.
2. Überraschung! In der Schale ist ein Snack!

Abwaschen

Entfällt.

Schnelles und einfaches Abendessen

Zutaten

1 Müslipackung

Milch (ein ordentlicher Schuss)

Zubereitung

1. Müsli und Milch in eine Schale geben.
2. Vor dem Fernseher essen.

Abwaschen

1 Schüssel und 1 Löffel.

Schokosultaninen

Zutaten

1 Packung Sultaninen

1 Tafel dunkle Schokolade

Zubereitung

1. Schokoladenstückchen und mehrere Sultaninen in den Mund stecken.
2. Kauen, um sie zu vermischen.

Abwaschen

Entfällt.

Hühnersuppe mit Nudeln

Zutaten

1 Packung Instanthühnersuppe mit Nudeln

1 Tasse kochendes Wasser

Zubereitung

1. Suppenpulver und Wasser in eine große Tasse geben und umrühren.
2. Alle Gedanken an richtige Suppe verdrängen.
3. Löffel mit Suppe zum Mund führen.

Abwaschen

1 große Tasse und 1 Löffel.

Pochierte Eier aus der Mikrowelle

Zutaten

1 Ei

Zubereitung

1. Ei in einer großen Tasse aufschlagen.
2. Tasse in die Mikrowelle stellen.
3. Mikrowelle 30–40 Sekunden laufen lassen.
4. Wenn du eine Explosion hörst: *Die Mikrowelle ausschalten.*
5. Tasse herausholen.
6. Mit dem Löffel essen.

Abwaschen

Dieser Arbeitsgang hängt davon ab, ob das Ei in der Mikrowelle explodiert ist. Wenn nicht: 1 große Tasse und 1 Löffel. Wenn doch: 1 Tasse und 1 Mikrowelle.

Pad Thai

Zutaten

1 Paar Beine

Zubereitung

1. Zu deinem örtlichen Thai-Restaurant gehen.
2. Essen zum Mitnehmen bestellen.
3. Nach Hause gehen.

Abwaschen

Entfällt, wenn du aus den Einwegbehältern isst.

Veggie-Weizentoast ohne Toasten

Zutaten

2 Scheiben Brot

Butter

Salat (Kopfsalat, Tomaten, Avocado)

Zubereitung

1. Das Brot mit Butter bestreichen.
2. Die Salatzutaten zwischen die beiden Brotscheiben geben.
3. Beide Hälften zusammenpressen.
4. Mit den Händen essen.

Abwaschen

1 Teller und 1 Messer.

Tassenkuchen

Zutaten

1 Packung Backmischung Kuchen
Wasser

Zubereitung

1. Ein paar Löffel Backmischung in eine große Tasse geben.
2. Ein paar Löffel Wasser dazugeben und umrühren.
3. In der Mikrowelle 1 Minute lang erhitzen.
4. Die Liste der gesundheitsschädlichen Inhaltsstoffe auf der Packung ignorieren.
5. Den seltsamen chemischen Geschmack ignorieren.
6. Die unangenehme gummiartige Konsistenz ignorieren.
7. Genießen!

Abwaschen

1 große Tasse und 1 Löffel.

Killer-Negroni

Zutaten

30 ml Gin

30 ml Campari

30 ml süßer Wermut

Eis

Zubereitung

1. Eis in 1 Glas geben.
2. Die Zutaten über das Eis gießen.
3. Trinken!

Abwaschen

Ja! Das Leben ist schmutzig! Aber mal ehrlich, wenn du diesen Drink intus hast, ist dir das piepegal.

Es gibt Hoffnung!

Bisher habe ich über die großen Freuden der Unordnung und die lebensbedrohlichen Gefahren des Aufräumens gesprochen. Dennoch ist es eine Sache, ein inspirierendes Buch über Unordnung zu lesen; eine ganz andere Sache ist es, sich von lebenslangem zwanghaftem Putzen loszusagen. Es kann unglaublich hart sein, wenn du zu all jenen gehörst, die sich nicht entspannen können, bis ihr Haus ohne Fleck und Tadel, die Wäsche verstaut und die Speisekammer neu geordnet ist und alle Bücher in der richtigen Reihenfolge stehen. Wenn du also Ordnungsfanatiker oder Putzaholic bist, wie kannst du die Unordnung schätzen lernen?

Zunächst einmal: Wenn du Ordnungsfanatiker oder Putzaholic bist, solltest du als Erstes bitte beachten, dass wir diese Worte nicht mehr verwenden. Der sozial angemessene Begriff ist «Person, die das Chaos in Nöte stürzt» oder «Person, die in einer ordentlichen Umgebung lebt».

Solltest du Letzteres sein, so wisse, dass es Hoffnung für dich gibt. Unabhängig von deinem Hintergrund, unabhängig von der Häufigkeit, mit der du putzt: Du kannst dich von den Fesseln des Ordentlichseins befreien.

Ich mag auf dich wie jemand wirken, der für Unordentlichkeit geboren wurde, doch in meinen Genen ist auch Ordnunghalten verankert. Meine Mutter ist keine Barbara Buckman, aber eine energische Haushaltsmanagerin (auch wenn ein flüchtiger Blick auf ihre Unzahl an Vasen etwas anderes nahelegt). Sie ist immer in Bewegung; eilt geschäftig durchs Haus, ordnet hier und sortiert dort, und ihre Augen suchen fortwährend nach Dingen, die aufgeräumt werden müssen. Meine Mutter ist nicht besessen, aber sie ist die Königin des Ordnungschaffens im Vorübergehen; es ist ihre Art zu leben, zu der sie einen oft genug bekehren will. Sie räumt ihre Einkaufstaschen aus, sobald sie heimkehrt, hängt die Handtücher auf, sobald sie sich nach dem Duschen abgetrocknet hat, und legt die Wäsche zusammen, sobald sie aus dem Trockner kommt. Und natürlich kann sie abends ein Drei-Gänge-Menü auf den Tisch zaubern, ohne die Spur eines Beweises in der Küche zu hinterlassen. Ich kann beim Essen der drei Gänge mehr Unordnung produzieren als meine Mutter bei deren Zubereitung.

Meine Mutter fühlt sich wohl mit ihrem Kram, aber sie würde nie eine Schranktür offen stehen lassen oder ein nasses Handtuch auf den Boden werfen. Sie wird nie auf morgen verschieben, was sie heute besorgen kann, und sie verlässt nie ihr Haus, ohne das Bett gemacht zu haben. Genauer gesagt wird sie nie ihr Schlafzimmer verlassen, ohne das Bett gemacht zu haben – es sei denn, mein Vater liegt noch darin, was sie dann ohne Ende frustriert. Das Bettenmachen ist Teil ihres unerlässlichen Morgenprogramms wie eine Tasse Kaffee, Zähneputzen und der morgendliche Anruf bei mir, ob über Nacht etwas Schreckliches passiert ist.

Bei dieser Art von Erziehung würde man es mir verzeihen, wenn ich selbst sehr ordentlich wäre. Dass ich die unordentliche Person geworden bin, als die ich heute hier stehe, ist meiner wilden Entschlossenheit geschuldet, auf die Bürde der Perfektion zu verzichten. Nach einer Kindheit, die ich damit verbracht habe, emsig mein Zimmer aufzuräumen, bin ich zu der Erwachsenen herangereift, die seelenruhig ihr Bett ungemacht verlassen kann. Ich habe ein stilles Erfolgserlebnis, wenn ich meine ganze Küche zerlege, um etwas Bolognese-Soße für meine Kids zu kochen. Mir wird ganz warm vor Stolz, wenn ich auf den verschmierten Spiegel schaue, und ich lächle über die Schmutzwäsche, die sich hoch im Flur stapelt. Wenn Mum zu Besuch kommt und sofort damit anfängt, alle Schränke zu schließen, wird mir klar, welch eminente Fortschritte ich schon gemacht habe.

Wenn ich meine Erziehung überwinden und die

Magie der Unordnung in mein Leben lassen kann, dann kannst auch du deine eigenen Putzgewohnheiten überwinden und dasselbe tun. Schritt für Schritt kannst du deine Toleranz gegenüber Unordnung steigern und dein Haushaltsmanagement auf ein Minimum beschränken.

Ein Zwölf-Stufen-Programm für Unordnungsmuffel

1. Du gibst zu, dass du deinem Haushalt machtlos gegenüberstehst – dass das Putzen nicht mehr zu schaffen ist.
2. Dir wird allmählich klar, dass die Lösung für deine Probleme nicht in Entrümpelungssystemen zu finden ist, bei #homeinspo-Bloggern, in formvollendet eingerichteten Speisekammern, Büchern über Fleckenentfernung, Turbomopps, Putzplänen oder Weckgläsern mit handbeschrifteten Etiketten – ja, nicht einmal in Essig und Natron.
3. Du entscheidest dich dazu, die heilenden Kräfte der Unordnung in dein Leben zu lassen.
4. Du machst eine furchtlose Bestandsaufnahme deiner siebenunddreißig verschiedenen Reinigungssprays, vier Abbeizpasten, Mikrofaserlappen, des kabellosen Staubsaugers, des Dampfreinigers, des Handfegers und der Kehrichtschaufel, deiner Blog-Abos, Facebook-Gruppen-Mitgliedschaften und

deiner Notizen darüber, wie man Tanninflecken von Teetassen entfernt – und dann trittst du das alles in die Tonne.

5. Dass du zwanghaft putzsüchtig bist, gestehst du deiner Familie, dir und den Gästen, denen du die Teller schon weggenommen hast, bevor sie mit dem Essen fertig waren, weil du mit dem Abräumen nicht warten wolltest.

6. Du bist bereit, die Putzsucht loszulassen und ein gewisses Maß an Unordnung, Gerümpel, Schmutz, Krümeln auf der Arbeitsplatte und Streifen auf der Duschwand in deinem Leben willkommen zu heißen.

7. Du bittest die dir innewohnende höhere Macht, dir dein inbrünstiges Verlangen zu nehmen, deine Bücherregale nach Farben zu sortieren, deine Lebensmittel in Weckgläser umzufüllen, deine Spannbettlaken auf die influencererprobte Weise zusammenzulegen, deine Garderobe bis auf das absolute Minimum zu reduzieren und den Ofen nach jeder Mahlzeit zu putzen.

8. Du listest die von dir geschädigten Menschen auf, die du angebrüllt hast, sie sollen ihr Zimmer aufräumen, bei denen du darauf bestanden hast, dass sie ihre Schuhe ausziehen, wenn sie dein Heim betreten, deren geliebte Barbie du unter dem Deckmäntelchen des «Entrümpelns» weggeworfen oder die du schockiert angesehen hast, weil sie ihr Glas

auf den Tisch stellten, ohne einen Untersetzer zu benutzen – und der Wunsch erwacht in dir, es wiedergutzumachen.

9. Du entschädigst diese Leute, wann immer das möglich ist, vielleicht indem du ihnen erlaubst, lange aufzubleiben, obwohl am nächsten Tag Schule ist, indem du zulässt, dass sie die Füße auf die Couch legen, und indem du ihnen die Füße massierst oder ihnen einen Obstkorb schickst.

10. Du machst weiter mit der Selbstinventur, und wenn du dich dabei erwischst, wie du spätnachts die Fußleisten abstaubst, wie du das Spannbettlaken festzurrst, die Wände zweimal wöchentlich feucht abwischst oder deine Schränke durchgehst und dich fragst, was darin dir keine Freude macht, dann gestehst du es dir sofort ein und hörst auf mit dem, was du gerade tust, und legst dich erst mal schlafen.

11. Du versuchst fortgesetzt, die Beziehung zwischen dir und der Unordnung zu verbessern; bete um das Ende deiner #homeinspo-Ambitionen, um Toleranz angesichts einer dünnen Staubschicht auf den Fenstersimsen, um deinen Frieden mit den vollgestopften Schränken und um die Kraft, eine ganze Schuhkollektion auf dem Wohnzimmerboden liegen zu lassen.

12. Nun, da du von deinen beklemmenden Putzpraktiken befreit bist, versuche, die Freude an der Un-

ordnung an andere Leute weiterzugeben, die noch im Zustand der Ordentlichkeit leben, und begrüße die Unordnung in deinem Kleiderschrank, deiner Küche, deinem Wäscheschrank, deiner Speisekammer und in deinem gesamten Heim.

Kein Stress mehr wegen ein bisschen Unordnung

Beklagenswerterweise hat sich unsere Kultur dahingehend entwickelt, dass sie Sauberkeit und Ordnung zelebriert und nicht Schmutz und Unordnung. Es muss irgendwo ein Paralleluniversum geben – ein besseres, schöneres Universum –, in dem Unordnung als erstrebenswert gilt und aufgeräumte Häuser zweite Wahl sind. In dieser freudvollen Welt spiegeln Instagram und Facebook eine völlig andere #homeinspo-Realität wider. Die Blogger und Influencer posten inspirierende Fotos von ihren versifften Fensterscheiben, den Bergen von feuchten Handtüchern auf dem Badezimmerboden und ihren Speisekammern, in denen sich die abgelaufenen Lebensmittelkonserven haushoch türmen. Sie verwenden Hashtags wie #luxussiff, #supersaustall, #gerümpeltümpel und #wohnraumchaos.

Aber leider leben wir nicht in dieser himmlischen alternativen Realität, sondern in einer Welt, in der wir alle nach Vollkommenheit streben. Und wenn wir diese

Vollkommenheit nicht erreichen – was oft der Fall ist, weil es so *anstrengend* ist –, dann fühlen wir uns nur allzu leicht gestresst und schämen uns.

Mir ist klar, dass es schwer ist, gegen die kulturelle Propaganda anzukämpfen, die dir sagt, dass Schönheit eine funkelnde Duschwand und die totale Erfüllung nur einen Staubsauger entfernt ist. Wenn du ein Mensch bist, der tapfer mit seiner Reinlichkeit lebt, dann gibt es einen Ausweg aus diesem Gefängnis. Wenn du deiner sozialen Konditionierung entkommen willst, muss das, was du dir selbst sagst, stärker sein als das, was andere dir sagen. Du kannst dein Gehirn neu verdrahten, um Unvollkommenheit zu akzeptieren. Daher habe ich extra ein patentiertes Drei-Stufen-Unordnungsdesensibilisierungsprogramm™ entwickelt, um dir zu zeigen, wie das geht.

Anmerkung des Lektorats: Nö, dieses Patent gibt's auch nicht.

Stufe 1: Affirmationen

In dieser Stufe wird eine Reihe positiver Affirmationen wiederholt. Wenn du das konsequent übst, verändert sich, wie du über dich und die Welt denkst. Du kannst deine Affirmationen regelmäßig über den Tag verteilt wiederholen und in Momenten der Anfälligkeit auf sie zurückgreifen. Wenn du versucht bist, zum dritten Mal in diesem Monat deinen Ofen zu schrubben, dich dabei ertappst, wie du an einem Fleck rubbelst, von dem niemand anders Notiz nehmen würde, oder wenn du das überwältigende Bedürfnis hast, alle Lebensmittel aus der Speisekammer in mundgeblasene Weckgläser umzufüllen, werden dich diese Affirmationen vom Rand des Abgrunds zurückholen.

Bitte beachte, dass diese Affirmationen – wenn sie die besten Resultate bringen sollen – individuell in einer fetten, aber zarten Schrifttype ausgedruckt werden müssen, und zwar vor einem inspirierenden Hintergrund – vorzugsweise einem Sonnenaufgang, dem Horizont, einem ruhigen Ozean oder einem Meerschweinchen mit Hut. (Letzteres ist nicht besonders inspirierend, aber ich verspreche dir, wenn du es googelst, ist es wirklich, wirklich süß.)

Affirmationen, um dein ordnungsliebendes Gehirn neu zu programmieren

1. Unordnung ist okay!
2. Ich brauche keine perfekt eingerichtete Speisekammer, um liebenswert zu sein.
3. Gut Ding will Chaos haben.
4. Annähernd genug ist gut genug, aber nicht mal annähernd ist noch besser.
5. Es ist sinnlos, über verschüttete Milch zu saugen.
6. Ich putze, um zu leben; ich lebe nicht, um zu putzen.
7. Chaos ist das Salz in der Suppe!

8. Die Arbeit einer Frau hört nie auf, also warum überhaupt anfangen?
9. Lieber Gerümpel als Gewissensbisse.
10. Ich rege mich nicht über Kleinigkeiten auf. Ich lasse sie liegen.
11. Der Streifen auf dem Fenster ist der Silberstreif am Horizont.
12. Eine Weltreise beginnt mit einer schönen Tasse Kaffee und einem Nickerchen.
13. Ich wähle das Chaos!

Stufe 2: Expositionstherapie

Viele Menschen, die mit Ordnung leben müssen, haben nicht nur eine Aversion, sondern eine veritable Phobie gegen Unordentlichkeit. Wenn sie sich mit Unordnung konfrontiert sehen, entwickeln sie emotionale und körperliche Reaktionen, die mit Angst verknüpft sind: Herzrasen, schwitzige Hände und den hektischen Wunsch, die Quelle des Schreckens mit Stumpf und Besenstiel auszumerzen.

Ich leide selbst unter einer Phobie, daher habe ich größtes Verständnis für ein derartiges Leiden. Ich habe eine pathologische Angst vor Mäusen, und ich kann kaum das Wort tippen, ohne dass mein Blutdruck in die Höhe schießt.

Der Unterschied ist natürlich, dass Unordnung dir nichts antun kann, während Mäuse eine sehr reale Bedrohung für mein Leben darstellen. Eine Maus könnte über meinen Schuh huschen; in diesem Fall müsste ich mir den Fuß abhacken und könnte leicht verbluten.

Doch beide Phobien werden mit derselben Methode kuriert, auch wenn meine Angst eindeutig gerechtfertigter und begründeter ist. (Ich meine, eine Maus könnte sich hinter dem Vorhang verstecken und nachts auf mich springen, und ich könnte sehr gut einen Herzanfall erleiden und sterben.) Wenn jemand sich vor etwas Schrecklichem (etwa einer Maus) oder etwas gar nicht Schrecklichem (etwa Unordnung) fürchtet, versucht er oder sie, den Gegenstand seiner Angst zu meiden, was die Angst und die Stressreaktion noch größer macht. Diese Therapie hier besteht darin, sich schrittweise diesem Gegenstand auszusetzen, sodass er schließlich seine Macht über einen verliert und die Angst und das Vermeidungsverhalten nachlassen.

Eine schrittweise Exposition gegenüber Mäusen ist sehr kompliziert. Zuerst musst du die Mäuse fangen, dann musst du ihnen beibringen, nur für einen winzigen Augenblick in einen Raum zu laufen und sofort wieder zu flüchten. Aber eine schrittweise Exposition gegenüber Unordnung ist sehr einfach. Über Tage und Wochen hinweg baust du in deinen Haushalt hier und dort ein kleines Durcheinander ein, wobei du stetig Größe und Intensität erhöhst. Du wirst dieses vielfache Durcheinander in Ruhe lassen, dein Unbehagen aussitzen müssen, egal, wie dringend du dir wünschst, endlich putzen zu dürfen. Am Schluss der Therapie wird deine Toleranz für Unvollkommenheit gewachsen sein, und du wirst deine Phobie vor Unordnung für immer überwunden haben.

Mehrstufiger Expositionsplan gegen Unordnung
Stufe 1: Lege eine einzelne Heidelbeere mitten auf den Boden deines Wohnzimmers.

Stufe 2: Geh zu deinem nach Farben sortierten Bücherregal und lass ein rotes Buch mit einem blauen Buch Plätze tauschen.

Stufe 3: Mach eine ganze Woche lang dein Bett nicht. (Mum, bitte tu das nicht, ohne vorher deinen Kardiologen zu konsultieren.)

Stufe 4: Iss einen Döner auf deiner Couch, ohne einen Teller zu benutzen.

Stufe 5: Bring eine Katze und mehrere Wollknäuel in einen Raum und schließe die Tür.

Stufe 6: Öffne eine volle Packung Mehl und niese in ihre Richtung.

Stufe 7: Lass ein Kleinkind mit Fingerfarben auf deinem Esstisch malen.

Stufe 8: Drück einem Kind Kleber in die Hand und ein paar Fläschchen Lebensmittelfarbe und gib ihm die Aufgabe, Regenbogenschleim herzustellen.

Stufe 9: Bereite Schnitzel mit einer Panade aus Eiern, Mehl und Semmelbröseln zu und brate sie in heißem Öl, ohne dabei schon mit dem Putzen anzufangen.

Stufe 10: Trage mitten in deinem Wohnzimmer Bräunungscreme auf.

Stufe 11: Leih dir an einem Regentag einen kleinen Hund aus und geh mit ihm spazieren, dann lass ihn in deinem Wohnzimmer herumlaufen. Wenn du keinen kleinen Hund findest, tut es auch eine sehr große Katze.

Stufe 12: Schmeiß in deinem Haus eine Party mit Pizza und jeder Menge Bier für einen Haufen Teenager.

Stufe 13: Du bist jetzt geheilt (oder brauchst Medizin).

Fürs Protokoll: Ich habe keine Expositionstherapie gegen meine Angst vor Mäusen gemacht. Es ist einfach zu riskant. Eine Maus könnte meinen Arm hochlaufen, in mein Ohr krabbeln und sich tief in mein Gehirn wühlen, und das würde mich umbringen. Besser, ich meide Mäuse einfach.

Stufe 3: Den Blick abwenden

Die letzte Stufe in meinem patentierten [definitiv nicht, Anm.d. Lekt.] Drei-Stufen-Programm besteht darin zu lernen, den Blick abzuwenden.

Ich habe erfahren, welche Macht im Wegschauen liegt, als ich in meine derzeitige Wohnung eingezogen bin. Sie hat eine gläserne Schiebetür, die auf einen Balkon hinausgeht, und morgens blinzele ich ein paar Stunden in buchstäblich blendendes Sonnenlicht. Der Makler hat von diesem Sonnenlicht geschwärmt. Offenbar ist so etwas selten und sehr gesucht.

Ich mag dieses gleißende Sonnenlicht nicht. Dieses Sonnenlicht macht sehr schlimme Dinge.

Wenn es durch die Schiebetür in mein Wohnzimmer flutet, zeigen sich jeder Schmierfilm, jeder Fleck und jeder Streifen auf dem Glas in allen fürchterlichen Einzelheiten. Und was dem Ganzen die Krone aufsetzt: Die Sonne trifft in einem bestimmten Winkel auf dem Boden auf und hebt jedes winzige Stäubchen und jeden einzelnen Fußabdruck hervor. Meine Wohnung sieht am späten Vormittag vollkommen zufriedenstellend aus, aber von Sonnenaufgang bis acht Uhr morgens ist sie der blanke Horror.

Während der ersten Wochen in der Wohnung war ich von dem Bild, das sich mir morgens bot, entsetzt. Ich ging in einer annehmbar sauberen Umgebung schlafen und wachte auf einer Baustelle auf. Mehrfach wischte ich den Boden vor dem Frühstück, in der Gewissheit, dass Einbrecher es geschafft hatten, Staub im Wohnzimmer zu verteilen, während wir alle tief und fest geschlummert hatten. Ein- oder zweimal war ich so angewidert von meinen Fenstern, dass ich sie putzte, noch ehe ich meinen Kaffee getrunken hatte. Und lass mich dir sagen: Ich tue *gar nichts*, bevor ich meinen Kaffee getrunken habe.

Es war eine monatelange Konfrontation mit der Monstrosität meiner Unordnung notwendig, bis ich begriff, dass mir bloß das Licht einen Streich spielte und dass das Chaos in ein paar Stunden Geschichte sein würde. Ich lernte, den Blick abzuwenden von dem schmierigen, verstaubten Chaos, bis die Sonne sich in eine ästhetisch humanere Position bequemt hatte. Um neun oder zehn Uhr waren der Schmierfilm und der Staub noch da, aber ich konnte sie schon nicht mehr so deutlich sehen. Das funktionierte perfekt für mich.

Sobald ich mir diesen blinden Fleck zugelegt hatte, praktizierte ich diese Taktik auch in allen anderen Bereichen der Haushaltsführung. Sie ist einfach, effektiv, übertragbar und – was das Beste ist – vollkommen kostenlos. Die Speisekammer sieht aus wie Sau? Schließ die Tür und du wirst es nicht sehen! Das Bett ist nicht gemacht? Verlass sofort das Schlafzimmer! Auf dem Boden im Flur stapelt sich die Schmutzwäsche? Schau einfach nicht hin! Sieh stattdessen aus dem Fenster!

Umsichtig angewandt, wird dir die Fähigkeit, über Dinge hinwegzusehen, im Leben genauso helfen wie in deinem Zuhause. Wende deinen Blick von allem ab, das dir unnötige Qualen verursacht, wie photogeshoppte Beauty-Influencerinnen, widerwärtige Politiker, TV-Shows, in denen Menschen beim ersten Kennenlernen heiraten müssen, Freundinnen, die sich mit ihren perfekten Kindern brüsten, penetrante Verkäufer, Modediäten, gemeine Menschen im Netz und Koriander.

Im Leben gibt es so vieles zu sehen und so viele positive Dinge, die man ins Auge fassen kann. Wende deine Augen und Gedanken von allem ab, was dir nicht förderlich ist. Am Ende wird das Licht weiterziehen, und alles sieht wieder besser aus.

ZWÖLF
Vor fremden Haustüren kehrt es sich besser: Sich Urteile verbitten

Wenn du dich bewertet fühlst

Die meisten Menschen kümmert der Zustand deiner Behausung herzlich wenig. Doch «die meisten Menschen» heißt nicht «alle Menschen», und gelegentlich wirst du spüren, dass ein Gast seine Meinung über dein Heim förmlich ausdünstet.

Wenn das der Fall ist, dann zieh erst einmal in Erwägung, dass du seine Signale vielleicht falsch interpretierst. Vielleicht bist du dir ganz sicher, dass diese Person entsetzt auf einen Haufen Schmutzwäsche starrt, während sie in Wahrheit denkt: *O Gott, ich muss so dringend aufs Klo* oder *Verdammt, ich habe vergessen, beim Zahnarzt anzurufen* oder *Ich sterbe vor Hunger, hoffentlich bietet sie mir gleich ein Stück Kuchen an.*

Trotzdem ist es möglich, dass dein Besuch überkritisch ist. Möglicherweise hat er seine ganz eigene, feste Meinung darüber, wie du dein Leben, deinen Haushalt und deine Familie führen solltest.

Überkritische Leute werten jeden ständig wegen irgendetwas ab – so sind ihre Gehirne programmiert.

Wenn sie nicht wegen deiner Unordnung über dich urteilen, dann wegen deiner Kleidung, deines Gesichts oder der Farbe deines Haars. Sie urteilen über dich wegen deiner politischen Gesinnung, der Art, wie du dein Haus einrichtest, wegen der Bücher, die du liest, deiner Schüchternheit, deines anzüglichen Humors oder deines Autos. Sie urteilen über dich, weil du deinen Kindern Kekse vor dem Essen erlaubst oder weil du sie ihnen nicht erlaubst. Sie urteilen über dich, weil du zu hart arbeitest oder weil du nicht hart genug arbeitest, oder wegen der Laufbahn, die du einschlägst. Sie urteilen über dich wegen deiner Beziehung oder weil du keine Beziehung hast, weil du keine Kinder hast oder zu viele.

Was für ein trauriges kleines Leben diese armen Leute haben müssen! Ich blockiere sie gleich mal auf Facebook.

Es gibt viele Möglichkeiten, mit einer überkritischen Person umzugehen:

1. *Nimm ihr Urteil für bare Münze und reg dich auf.* Ich weiß, dass viele Leute das tun, aber es gibt diesen Kritikern viel mehr Macht, als sie verdient haben. Ich meine: Wer hat sie zum Oberhaupt deiner Welt gemacht? Warum hat ihre Meinung so viel Gewicht?

2. *Werde zornig und wirf sie aus dem Haus.* Ich verstehe, dass das zutiefst befriedigend wäre, und du könntest dann «Jemanden aus dem Haus werfen» auf deiner Löffelliste abhaken. Aber Zorn ist sehr

ermüdend, und damit gestehst du dieser Person immer noch zu viel Macht über dich zu.

3. *Lass die Kritik an dir abperlen wie Spülwasser an einem schmutzigen Glas.* Mir gefällt das. Schließlich ist Kritik nur eine Meinung, und Meinungen sind keine objektiven Fakten. Es spielt nicht die klitzekleinste Rolle, was andere Leute von deinem Leben halten; es spielt nur eine Rolle, was du von dir hältst. Wenn dich dein unordentlicher Haushalt in Wallung bringt, dann tu etwas dagegen. Wenn dein unordentlicher Haushalt deinen Besuch in Wallung bringt, dann ist das ganz allein sein Problem.

4. *Mach Musik an und leg einen Ausdruckstanz für deinen Gast aufs Parkett, mit dem du darstellst, wie wenig Bedeutung du seinem Urteil beimisst.* Das ist ziemlich eindeutig die beste Alternative.

Natürlich kommen die schlimmsten negativen Urteile nicht von anderen Leuten; sie kommen von uns selbst. Wenn du dazu neigst, dich selbst kritisch zu bewerten, dann kann es sehr hilfreich sein, wenn du aufhörst, dich mit anderen zu vergleichen. Schließlich wird es immer jemanden geben, der in bestimmter Hinsicht besser oder schlechter – ordentlicher oder unordentlicher – ist als du.

Auf dieser Erde wandeln Menschen, die Vollzeit arbeiten, sechs oder sieben Kinder großziehen, fit und gepflegt aussehen und trotzdem ein klinisch reines Zuhause haben. Genau wie manche Menschen erschreckend attraktiv sind, sind andere erschreckend tüchtig.

Aber es gibt viel mehr Leute, die in einem mühsam verwalteten Chaos vor sich hin dümpeln. Deren Haushalte immer unordentlich sind, deren Bettzeug immer zerknüllt ist und deren Kleidung selten gebügelt wird. Ich weiß, dass es so ist, denn ich gehöre dazu. Wenn du dich schon unbedingt mit jemandem vergleichen musst, dann vergleiche dich mit mir.

Wenn du dich unaufgeräumt fühlst

An manchen Tagen wachst du auf und fühlst dich einfach unaufgeräumt.

Nein, streich das. Ich sollte nicht für dich sprechen. Du bist vielleicht einer dieser Menschen, die immer alles unter Kontrolle haben, die immer tadellos aussehen und deren Zuhause immer perfekt ist. Wenn das der Fall ist, freue ich mich aufrichtig für dich. Ich werde dir nur nicht auf Instagram folgen.

Ich selbst fühle mich häufig unaufgeräumt, und das hat selten etwas mit dem Zustand meines Haushalts zu tun. Ich kann ganz ruhig sein, wenn meine Wohnung total verlottert ist, und mich vollkommen daneben fühlen, wenn meine Wohnung relativ ordentlich ist. Chaos, meine Freunde, ist eine Gefühlslage.

Wenn du einen unaufgeräumten Tag hast, dann frage

dich zunächst einmal, weshalb du dich unaufgeräumt fühlst. Ist die Unordnung wirklich in deinem Haus, oder ist sie in deinem Kopf?

Im ersten Fall versuche, wenn dich die Unordnung stört, nur ein bisschen aufzuräumen. Die lebensverändernde Magie von ein wenig Unordnung in dein Leben zu lassen, bedeutet nicht, im Dreck zu hausen; es bedeutet nur, Perfektionismus und durchgestylten Speisekammern eine Absage zu erteilen.

Wenn die Unordnung in deinem Kopf ist, dann verbringst du deine Zeit besser damit, deine Gedanken aufzuräumen. Es gibt einige Dinge, die du unternehmen kannst, damit du dich weniger chaotisch fühlst, und kein einziges davon hat etwas mit einem Turbomopp oder Bleichmittel zu tun.

Wie man einen chaotischen Geist aufräumt

1. Setz dich hin, nimm einen Stift und ein Stück Papier zur Hand und schreib alles auf, was dir Sorgen macht. Sorgen zu Papier zu bringen, trägt dazu bei, sie aus deinem Kopf zu verbannen.
2. Schreib alles auf, was zu tun ist – aber keine Panik! Du musst nicht wirklich alles tun, was auf deiner Liste steht. Allein schon eine solche To-do-Liste anzulegen, wird dir das Gefühl geben, sofort mehr Kontrolle zu haben.
3. Trink eine schöne Tasse Tee, um dich daran zu erinnern, dass du Fürsorge und Mitgefühl verdient hast.

(Es sei denn, du magst keinen Tee, dann solltest du keinen trinken, da es sonst den gegenteiligen Effekt haben wird. Versuch es mit Kaffee, heißer Schokolade, Cola oder Saft.)

4. Ruf dir ins Gedächtnis, dass das Leben chaotisch ist. Menschen sind chaotisch. Beziehungen sind chaotisch. Elternschaft ist extrem chaotisch! Es gibt so vieles im Leben, das wir nicht kontrollieren können. Wir alle treiben uns selbst in den Wahnsinn mit unseren Versuchen, Ordnung zu schaffen, perfekt zu sein, alle Bälle in der Luft zu halten, alles zu erledigen. Wir müssen uns die Erlaubnis geben, Fehler zu machen. Es ist total in Ordnung, unordentlich zu sein.

5. Entfolge auf Social Media allen, die dafür sorgen, dass du ein schlechtes Gefühl hast, weil du dein Leben so führst, wie du es führst. Entfolge den Beauty-Influencerinnen und den Fitness-Influencern, den #homeinspo-Influencerinnen und den heißen #bikinigirls. Entfolge der Schauspielerin, die ihr Glück breittritt, der Freundin, die sich mit ihren drei perfekten Kindern brüstet, und deinem Cousin, der Verschwörungsgeschwafel unter deinen Postings hinterlässt. Verabschiede dich von diesen Leuten! Sag ihnen Adieu! Lebewohl! Sie werden aufhören zu existieren, sobald du *Nicht mehr folgen* angeklickt hast, und deine Timeline wird sich so viel positiver und inspirierender lesen.

6. Denk daran, dass niemand perfekt ist. Niemand, den du je getroffen hast, hat ein perfektes Leben. Keiner der Influencer, denen du folgst, ist rund um die Uhr glücklich. Alle haben Ängste und sind mal unsicher, bereuen etwas und leiden. Alle kennen diese Tage, an denen sie das Gefühl haben, totale Loser zu sein. Alle kennen Herausforderungen und Ärger in ihren Beziehungen. Es gibt Menschen mit schönen Häusern, die schreckliche Ehen führen. Es gibt Menschen mit einer glänzenden Karriere, die große Probleme mit ihren Kindern haben. Es gibt Menschen, die berühmt und reich und zutiefst einsam sind. Ausnahmslos jeder ist unaufgeräumt an der einen oder anderen grundlegenden Stelle. Mach dich nicht klein, weil du nicht perfekt bist. Du gehörst zu einer langen, stolzen Reihe von Menschen, die ein fabelhaft chaotisches Leben führen.

SCHLUSS
Die fünf Phasen der Unordnung

Manche Menschen sind vom Augenblick ihrer Geburt an unordentlich (oder von dem Augenblick an, da sie in der Lage sind, ihr Spielzeug auf den Boden zu werfen, anstatt es in die Spielzeugkiste zurückzulegen). Diese Menschen sind herrliche, empfindsame Wirbelstürme des Chaos – die leibhaftige Verkörperung der Freude an der Unordnung.

Nur wenige von uns können sich der stolzen Höchstleistung rühmen, durchweg und standhaft unordentlich zu sein. Die meisten von euch, die ihr dieses Buch lest, haben euer Zuhause zumindest über kurze Zeiträume hinweg sauber gehalten. Vielleicht seid ihr umgezogen und habt euch in den ersten paar Monaten sehr angestrengt, euer neues Zuhause sorgsam zu putzen. Vielleicht habt ihr eine Renovierung hinter euch und die Freuden frisch getünchter Wände und einer hellen, blitzblanken Küche erlebt. Vielleicht habt ihr aber auch einen Frühjahrsputz gemacht, und euer Heim war noch tagelang aufgeräumt.

Doch dann, nach einer Woche, einem Monat oder auch einem Jahr, ist dein makelloses Zuhause zum Teufel gegangen. Du bist aufgewacht und hast Fett im Ofen bemerkt und Schimmel in der Dusche und eine Delle in der Schlafzimmerwand – und du dachtest: Himmel, wie konnte das passieren?

Auch wenn du dir deiner Reise möglicherweise nicht bewusst warst, so war es doch ein spiritueller Prozess, unordentlich zu werden. In ihrem bahnbrechenden Werk *Fünf Phasen der Unordnung* hat Monica Chandler-Ross Nicht-wahrhaben-Wollen, Zorn, Verhandeln, Depression und Leid sowie Annahme als einzelne Stadien des Chaos herausgearbeitet. Um dir deine eigene heilige Reise verständlich zu machen, habe ich im Folgenden diese fünf Stadien auf unser Thema übertragen.

Anmerkung des Lektorats: Unser Faktenchecker konnte keinen Nachweis für das zitierte Werk von Frau Chandler-Ross finden.

Phase 1: Nicht-wahrhaben-Wollen

Die erste Phase der Unordnung beginnt, wenn dein Zuhause noch ordentlich ist. Du bist wild entschlossen, diesen Zustand aufrechtzuerhalten, und du leugnest vor dir und anderen, dass du es jemals versauen wirst. «Diesmal werde ich es perfekt sauber halten!», sagst du, und das glaubst du auch. Du putzt mal eben jeden Fingerabdruck auf der Wand weg. Das schmutzige Geschirr wird gespült, noch bevor es die Arbeitsplatte berührt. Die Wäsche wird zusammengelegt, sobald sie

von der Leine kommt. Die Speisekammer wird farb-
codiert. Die polierten Böden glänzen.

Phase 2: Zorn

Es zeigen sich die ersten Risse in deiner häuslichen
Vollkommenheit, und es ist *nicht* deine Schuld, doch es
macht dich rasend. Ein Stück Putz platzt von der Wand
ab, als dein Partner den Stuhl vom Tisch wegschiebt,
und meine Güte, könnte dieser Mensch noch nachlässi-
ger und nerviger sein? Die Kinder lassen ständig ihren
Kram auf dem Küchentisch liegen, und ist es wirklich so
schwer, seine Sachen wieder wegzuräumen, wenn man
sie nicht mehr benutzt? Oh, und die Katze wetzt ständig ihre Klauen an den Möbeln, und wer hat überhaupt
beschlossen, eine dumme Katze ins Haus zu holen?

Phase 3: Verhandeln

Gut. Du wirst wieder Ordnung in dieses Haus bringen.
Du stellst einen Zeitplan auf und delegierst einzelne
Arbeiten an alle Mitglieder deines Haushalts. Du verbringst eine halbe Stunde damit, die richtige Schrift
zu suchen, du farbcodierst den Zeitplan, und dann
druckst du ihn aus und pinnst ihn energisch an den
Kühlschrank. Du versprichst deinen Kindern Beloh-

nungen, wenn sie rechtzeitig ihre Aufgaben erledigen, und verkündest deinem Partner nachdrücklich, dass sich «hier so einiges ändern» wird!

Phase 4: Depression und Leid

Nun, den Kindern ist dein Zeitplan piepegal. Sie werfen einen Blick darauf, sagen: «Das mache ich nicht für mickrige fünf Euro!», und schauen den Plan nie wieder an. Dein Partner wischt halbherzig ein- oder zweimal die Duschwand trocken und muss anschließend dreimal dazu aufgefordert werden, einen Untersetzer für seinen Becher zu benutzen. Alle sind total gleichgültig. Niemand hilft dir beim Putzen. Es ist hoffnungslos. Welchen Sinn hat das alles noch? Du gibst auf.

Phase 5: Annahme

Saustall. Was war «sauber» noch gleich? Das Klo ist vorzeigbar. Du hast das Bett irgendwann letzten Monat frisch bezogen. Du hast saubere Unterhosen für morgen. Die Tür zur Speisekammer ist zu. Du machst dir eine schöne Tasse Kaffee und legst ein Nickerchen auf der Couch ein. Du bist entspannt. Im Reinen mit dir. Du hast die Magie der Unordnung in deinem Leben akzeptiert.

Das, meine Freunde, ist es, was ich euch wünsche.

DANKSAGUNG

Zuallererst gilt mein Dank meiner Verlegerin Mary Rennie dafür, dass sie in mir die ambitionierte Homeinfluencerin erkannt hat, die ich bin. Danke an Andy Warren für das wunderbare Cover der Originalausgabe und an Shannon Kelly und den Rest des HarperCollins-Teams dafür, dass sie dieses Buch haben Wirklichkeit werden lassen. Es war eine Freude, mit euch allen zu arbeiten.

Ich danke meinen Agentinnen Pippa Masson und Caitlan Cooper-Trent von Curtis Brown. Danke für eure Beratung und Betreuung.

Ich bedanke mich außerdem bei meinen Eltern und Kindern, die mich unterstützt haben, als ich das Buch während des Lockdowns schrieb. Ohne euch hätte ich dieses Chaos nie hingekriegt.

Keith Bradford
Life Hacks
1000 Tricks, die das Leben leichter machen

Das nützlichste Buch der Welt! Mundgeruch loswerden, sich vor Gewittern retten, Glasscherben gefahrlos aufheben, Wespenstiche behandeln und Bier in zwei Minuten kühlen: alles kein Problem mit den «Life Hacks». Keith Bradford sammelt die 1000 lustigsten und cleversten Tricks, die das Leben erleichtern – und erstaunlich einfach sind. Sie bekommen Antworten auf Fragen, die Sie sich schon immer gestellt haben, und Hilfe für jede Lebenslage.

208 Seiten

Die verblüffendsten Ideen und originellsten Tipps für den Alltag.

Johannes Hayers, Felix Achterwinter

Schnall dich an, sonst stirbt ein Einhorn!

100 nicht ganz legale Erziehungstricks

Diese Tricks finden Sie garantiert in keinem anderen Buch!

Johannes Hayers und Felix Achterwin-
ter haben die besten Erziehungstricks
von ganz normalen Eltern gesammelt.
Obwohl: Ist Angelika normal, wenn sie
bei sich selbst einbricht, um ihrem Sohn
das Abschließen der Haustür einzutrich-
tern? Ist Maria normal, wenn sie ihre
Tochter dazu bringt, den Sicherheits-
gurt anzulegen, indem sie droht:

256 Seiten

«Schnall dich an, sonst stirbt ein Ein-
horn!»? Ob normal oder nicht, ob legal oder nicht, diese listigen und
lustigen Erziehungstricks haben tatsächlich funktioniert. Denn Kinder lieben nicht nur Einhörner, sie lieben auch Bären. Warum sollte
man ihnen also nicht hin und wieder einen aufbinden?

Weitere Informationen finden Sie unter **rowohlt.de**